Alles zu Schulden & Co.

Aus der Schuldenfalle auszusteigen

Möglichkeiten, Umgang mit dem
Gerichtsvollzieher, Musterschreiben

von

Andrea Meiling

Bibliografische Information der Deutschen Nationalbibliothek
Die Deutsche Nationalbibliothek verzeichnet diese Publikation in der
Deutschen Nationalbibliografie; detaillierte bibliografische Daten sind im
Internet über http://dnb.d-nb.de abrufbar.

1. Auflage © 2009 Verlag4you, Calberlah
Autor: Meiling, Andrea
Buchblock u. Korrektur: Texterbüro Studi-Texter
Herstellung und Verlag: Books on Demand GmbH, Norderstedt
ISBN **9783837016079**

Vorwort

Schulden sind heute schon fast etwas Normales. Banken verursachen weltweite Wirtschaftskrisen, der Staat ist horrend verschuldet und somit befinden Sie sich als Schuldner eigentlich in guter Gesellschaft.

Doch was bei Managern beispielsweise bei Verschuldungen von Unternehmen mit Millionenbonusen belohnt wird, ahndet das Gesetz bei dem kleinen Mann u. a. im Falle einer Privatinsolvenz mit einer Wohlfahrtsphase von 6 Jahren.

Während in hoch verschuldete Unternehmen Milliarden vom Staat hineingepumpt werden, haben Sie als Schuldner mit SCHUFA-Einträgen zu kämpfen und mit keinerlei Hilfe von Seiten des Staates zu rechnen. Dabei ist es egal, wie die Schulden entstanden sind. Schulden müssen ab der Pfändungsgrenze zurückgezahlt werden.

Aus dem Kreislauf von Schulden kann jeder mit etwas Disziplin und Wissen aussteigen. Wie das geht, wird anschaulich und sehr leicht in diesem Buch beschrieben.

Wir behaupten nicht, dass es einfach wird oder dass Sie mit diesem Buch wie durch Zauberhand Ihre Schulden verlieren werden. Doch wir können Ihnen das nötige Rüstzeug geben, damit Sie sich aus der Schuldenfalle befreien oder den Schuldenberg drastisch verringern.

Wenn Sie also Wunder erwarten, dann sollten Sie dieses Buch nicht weiter lesen. Wir zeigen Ihnen die tatsächlich gangbare Wege und Tipps aus den Schulden, welche legal sind und keine falschen Hoffnungen wecken.

Manchmal reichen kleine Hilfen wie hier dargestellten, notwendigen Finanz-, Haushaltspläne oder Briefvorlagen an Gläubiger, Gerichte oder den Gerichtsvollzieher.

Hauptursachen für eine Verschuldung sind in der Regel Krankheit, Arbeitslosigkeit, Scheidung, Kredite und unüberlegte Einkäufe. Wir werden in diesem Buch den Unterschied zwischen einer normalen Verschuldung und einer Überschuldung näher betrachten, die jeweiligen Grenzen und Möglichkeiten aufzeigen.

Was geschieht, wenn die Schulden auflaufen und ein gerichtliches Mahn- bzw. Vollstreckungsverfahren in Gang kommt? Welche Wege müssen Sie hier als Schuldner gehen? Auch dies wird mit bewährten Brief- oder Widerspruchsvorlagen in diesem Buch gezeigt.

Außerdem gehen wir intensiv auf die Problematik des Gerichtsvollziehers als Vermittler zwischen Schuldner und Gläubiger ein. Was darf ein Gerichtsvollzieher, welche Möglichkeiten hat der Schuldner, warum eine Zusammenarbeit mit dem Gerichtsvollzieher sinnvoll ist und viele Fragen mehr, beantwortet ausführlich dieses Buch.

Kinderleichte Musterbriefe, einfache Erläuterungen zu verschiedenen Gesetzestexten sowie eine umfangreiche Erklärung zur Privatinsolvenz in Deutschland und in der EU runden den Informationsgehalt dieses Buchs ab und erleichtern so den raschen Ausstieg aus der Welt der Schulden.

September 09   Andrea Meiling

Wie alles beginnt

Unerwartete Kosten können jeden erwischen. So haben Elektrogeräte die Eigenschaft immer dann für eine Rechnung zu sorgen, wenn kein Sparpolster vorhanden ist. Oder die lieben Kleinen haben wieder eine Klassenfahrt bzw. benötigen teuere Materialien für die Schule. Viel zu leicht ist hier der Griff zu Krediten, Ratenkäufen oder Kreditkarten möglich.

Schulden entstehen schneller, als Sie denken und es kann tatsächlich jeden treffen. Das reicht von dem Arbeiter bis hin zur mittleren Managerebene. Besonders, wenn es Ihnen bisher gut ging, alles sich scheinbar auf der Sonnenseite abspielte, ist die Umstellung der Lebensgewohnheiten umso schwieriger und dauert in den meisten Fällen mehr als ein Jahr. Sind Sie dagegen an ein bescheidenes monatliches Einkommen gewohnt, können Sie sich innerhalb von drei Monaten auf die Veränderung einstellen.

Dazu einige Beispiele:

In einer Großfamilie (Mutter-Erzieherin, Vater- Kfz-Meister) mit 8 Kindern, wurde das 9. Kind erwartet. Da es absehbar war, dass das Gehalt der Mutter für ein Jahr wegfallen würde und das Elterngeld nicht die laufenden Kosten decken würde, begann die Mutter noch während der Schwangerschaft ihr Hobby zum Beruf langsam auszubauen. Sie wurde Texterin. Da hier ein großer Auftragsmarkt wartete, konnte sie so ein zusätzliches Einkommen erzielen und heute übt sie die Tätigkeit hauptberuflich aus und hat drei freiberufliche Mitarbeiter einstellen müssen. Den Wegfall ihres Einkommens konnte die Familie gut verkraften, da sie einen Haushaltsplan hatten und realistisch ihre Möglichkeiten einschätzen konnten.

In unserem nächsten Beispiel hatte ein 59jähriger Personalmanager eines mittleren Unternehmens bis zu seinem Hartz IV Bezug die Realität versucht zu verleugnen. Zu diesem Zeitpunkt war er aber so hoch verschuldet, dass seine laufenden Verbindlichkeiten mittlerweile bei 750.000 € lagen und ständig weiter anwuchsen. Sein Tagesablauf bestand nur noch aus dem Umschichten der Abzahlungen und den Bittschreiben um Aufschub bei Inkassobüros wie Banken. Angebote, ihn einzustellen, hatte er vorher reihenweise abgelehnt, da der mögliche Verdienst seine Verbindlichkeiten von 3.000 € im Monat nicht decken konnte und er auf den Glücksfall wartete, „bisher sei der immer eingetreten" erklärte er mir. Der Glücksfall traf nicht ein. Ausgangspunkt für diesen Fall war die Insolvenz der Firma und somit seine Entlassung gewesen. Heute hofft der Mann auf seine Rente, die aber im besten Fall maximal 1.400 € betragen dürfte und damit seine Schulden auch nicht abdecken kann.

Ein anderes Beispiel betraf eine 40jährige Fachjournalistin. Frisch verheiratet, ein Haus auf dem Land hatte man auf Kredit gekauft und der Nachwuchs war ganze zwei Monate alt, als die Frau schwer erkrankte. Mit einem Schlag waren 2.500 € Nettoeinkommen verschwunden und die Schulden wuchsen, denn kein Amt hielt sich für zuständig.

Leistungen wie eine Erwerbsunfähigkeitsrente wird zurzeit nach 8 Gutachtern und 5 Jahren der Frau verweigert. Die Folge war unvermeidlich, das Haus wurde zwangsversteigert. Mittlerweile hat die Frau zwei kleinere Firmen eröffnet und baut systematisch die Schulden ab.

Gründe und Ursachen für Schulden

Die Gründe für eine Verschuldung sind vielschichtig. Spitzenreiter unter den Ursachen für Verschuldungen sind Krankheit, Trennung/ Scheidung, Arbeitslosigkeit, bei Jugendlichen oft ein Handyvertrag, mit dem die Spirale der Schulden beginnt. Eine weitere entscheidende Ursache liegt bei jungen Familien in der Unfähigkeit einen Haushalt effektiv zu führen und Rücklagen zu bilden.

Fällt beispielsweise ein Einkommen durch Krankheit weg, dann ist die Schuldenfalle praktisch vorprogrammiert. Rechnungen können nicht mehr bezahlt werden und der Lebensstil lässt sich in den meisten Fällen nicht so schnell ändern. Ämter, die in diesem Fall helfen sollten, fordern Papiere ohne Ende an, die Dauer bis zur Genehmigung kann 16 Wochen betragen und zum Schluss erhalten Sie zu 50 % erst einmal eine Ablehnung bzw. eine falsche Berechnung. Auch Ämter müssen sparen.

Verlockende Angebote für Kredite scheinen ein möglicher Ausweg zu sein. Und so wird nicht selten in der Hoffnung, dass diese Krise bald vorbei ist, ein Kredit aufgenommen oder Einkäufe auf Rechnung getätigt. Damit wächst aber der Schuldenberg beständig an und entwickelt sich im Laufe der Zeit zu einem scheinbar unlösbaren Problem.

Dieser Kreislauf von der Aufnahme neuer Verpflichtungen, um alte Schulden zu bedienen, nennt man Schuldenspirale. Auf dem Gipfel dieser Spirale befindet sich die Überschuldung, der Weg dorthin ist die Verschuldung.

Der Unterschied zwischen Verschuldung und Überschuldung

Experten schätzen, dass etwa zwei Millionen Haushalte in Deutschland überschuldet sind und die gleiche Anzahl von Haushalten sich nahe an der Grenze zur Überschuldung befinden. Doch was ist der Unterschied zwischen einer Verschuldung und einer Überschuldung?

Schulden haben Sie in dem Moment, indem Sie etwas auf Kredit, Raten oder mit einer Finanzierung, welcher Art auch immer, kaufen und später dafür bezahlen. Beispiel: Sie kaufen einen Kühlschrank (580 €) auf Raten. Die monatliche Rate beträgt 100 € und Ihr Einkommen beläuft sich auf 1.600 €. Durch den Ratenkauf haben Sie nun Schulden.

Eine Verschuldung tritt dann ein, wenn mehrere Verpflichtungen zusammen kommen, diese aber monatlich noch tragbar sind für das Familienbudget bzw. durch Besitzwerte wie ein unbelastetes Grundstück aufgefangen werden können. Beispiel:

Sie erwerben ein Haus für 100.000 €. Ihr Einkommen liegt monatlich bei 2.500 € Netto. Außerdem haben Sie ein Sparguthaben von 4.300 €, ein Auto mit einem Wert von 9.000 € und das Haus samt Grundstück stellt einen Wert von 250.000 € dar. Die Rate für das Haus beträgt 800 €. Dazu kommt eine Abzahlungsrate für den Kühlschrank von 100 €. Sie haben also Sicherheiten in Höhe von 263.300 € zusätzlich zu dem monatlichen Einkommen. In einem Notfall könnten Sie die Schulden abdecken. Jedoch nicht mehr allein durch Ihr monatliches Einkommen. Das bedeutet also, wenn Sie in der Lage sind, durch Sicherheiten Ihre Verbindlichkeiten ablösen zu können, sind Sie verschuldet.

Als Überschuldung wird der Zustand bezeichnet, in welchem der Schuldner im Laufe von mindestens drei Monaten seinen Raten nicht mehr nachkommen kann, ohne seine Eigenversorgung wie Miete, Strom und Lebenshaltungskosten (hier ist der Regelsatz von Hartz IV anzusetzen) zu gefährden.

Beispiel: Eine Familie mit zwei Kindern hat ein Einkommen von 2.400 € im Monat und keine weiteren Sicherheiten. Sie kaufen sich ein Auto (9.000 €) und eine neue Küche (7.300 €) auf Raten. Die Raten betragen zusammen im Monat 700 €. Dann verliert der Vater die Arbeit und das monatliche Einkommen der Familie beträgt nur noch 1.500 €. Die Miete beläuft sich auf 600 €, Strom auf 120 € und der Regelsatz für die Familie beträgt insgesamt 1.184 €. Das bedeutet, die Familie kann auch im Verlauf von drei Monaten nicht den Raten nachkommen und ist somit überschuldet.

Natürlich können Sie soziale Leistungen beantragen, doch bei der Berechnung werden erstens Ihre Schulden nicht anerkannt und zweitens dauert die Bearbeitungsfrist durchaus mindestens 3 Monate. Das heißt, Sie müssen diese drei Monate überbrücken und ob Sie dann die Leistungen wirklich erhalten, ist fraglich.

Die Mahnung

Sobald Sie Ihren Verpflichtungen nicht mehr nachkommen, dürfte auch die erste Mahnung bei Ihnen eintreffen. Wir empfehlen Ihnen **dringend**, auf diese Mahnung zu reagieren, vorausgesetzt diese berechtigt ist. (Es gibt immer mehr schwarze Schafe, die in betrügerischer Absicht Mahnungen verschicken. Deshalb überprüfen Sie jede Mahnung auf ihren tatsächlichen Anspruch.)

Die Kosten für eine Mahnung sind recht unterschiedlich. Diese **Mahngebühr** reicht von einem Euro bis zu 20 Euro. Wichtig ist hier zu wissen, sind Sie als Schuldner zu diesem Zeitpunkt bereits mit einer Abzahlung in Verzug geraten, dann sind Mahngebühren gerechtfertigt.

Zu diesem Zeitpunkt stehen Ihnen noch alle Möglichkeiten offen. Mit einem einfachen Schreiben können Sie beispielsweise eine **Stundung der Raten** bis zu einem Jahr vereinbaren bzw. eine **Verringerung der Raten bis zu 75 %** bei entsprechender Verlängerung der Laufzeit erzielen. Wichtig ist hier eine ehrliche Offenlegung Ihrer derzeitigen Finanzen, die so genannte **Selbstauskunft**.

Beispiel für eine Selbstauskunft:

Absender:

Selbstauskunft

Familienstand: Anzahl d. Kinder:

Beruf: Arbeitgeber:

Lohn/Gehalt...Summe in EUR

Miete warm... ... .Summe in EUR
Strom...Summe in EUR
Werbekosten.....................................Summe in EUR
(Werbekosten sind beispielsweise die Fahrten zur Arbeit.)

Vermögenswerte.................................Summe in EUR
*(Vermögenswerte sind Kunstgegenstände, Sparguthaben über
1.750,00 EUR, Kapitallebensversicherung, Grundstücke,
Immobilien, Schmuck oder Sammlerwerte über einem
Verkaufswert 10%, wertvolle Hausratgegenstände, KFZs über
einem Wert von 4.800 EUR)*

Liegt eine Aufforderung zur Vermögensoffenbarung vor?
Ja / Nein

Wurde in den letzten 3 Jahren ein Antrag auf
Vermögensoffenbarung gegen Sie gestellt oder die
Vermögensoffenbarung durch Sie vorgenommen?
Ja / Nein
*(Hier handelt es sich um den frühren Offenbarungseid oder heute
die eidesstattliche Versicherung.)*

Nun wird die Selbstauskunft unterschrieben mit Ort
und Datum.

Die Selbstauskunft basiert in der Regel auf einem **Haushaltsplan**. Ein Haushaltsplan erfasst Ihre ein- und ausgehenden Finanzen für ein Jahr bzw. einen Monat. Er hilft den Überblick zu behalten und Ausgaben wie Sparmaßnahmen in Voraus zu planen. Wenn Sie also bisher noch keinen Haushaltsplan aufgestellt haben, dann ist dieser Zeitpunkt genau richtig, um damit zu beginnen. Ein einfaches Beispiel für einen Haushaltsplan schließt sich an dieses Kapitel an und ist im Anhang zu finden.

Beispiel für einen Haushaltsplan:

Einnahmen:	Ausgaben:
Lohn/Gehalt:	Miete:
Kindergeld:	Strom:
Pflegegeld:	Heizung:
Rente:	Wasser:
Einkünfte aus Gewerbe:	Telefon:
	Handy:
	Raten-vereinbarungen:
	Essengeld:
	Kindergarten-beitrag:
	Versicherungen:
	Lebensmittel:
	Tanken:
	Kleidung:
	Sonstiges:
Summe:	Summe:

In einem jährlichen Haushaltsplan sollten die jährlich zu erwartenden Zahlungen wie Kfz -Steuer und -Versicherung oder sonstige einmalige Beiträge mit Datum verzeichnet werden. Der monatliche Haushaltsplan umfasst alle Zahlungsein- und abgänge eines Monats.

Wer es ganz genau den Überblick haben möchte, sollte die viertel-, halbjährlich oder jährlich zuzahlenden Beträge in monatliche Summen ausrechnen und diese sparen. Sie können auf diese Weise die entsprechenden Rücklagen einplanen wie einen Sparbetrag. Die Differenz zwischen den Einnahmen und den Kosten für feste Ausgaben ist Ihr Monatsbudget. Mit dem Wissen, was Sie monatlich zur Verfügung haben, können Sie nun Einsparungen vornehmen und Schulden abzahlen.

Bitte beachten Sie folgendes: Durch ein Nichtreagieren auf Mahnungen können noch mehr Kosten entstehen, wenn der Gläubiger beispielsweise einen Anwalt oder ein Inkassobüro einschaltet. In solch einem Fall wächst die eigentliche Summe schnell auf das drei- bis fünffache an.

Lassen Sie diese Mahnungen unbeachtet, dann ist der nächste Schritt Ihres Gläubigers das gerichtliche Mahnverfahren.

Die Ratenvereinbarung

Der Rateneinkauf in Onlineshops, Versandhäusern und große Warenhausketten ist mittlerweile eine alltägliche wie bei den Käufern beliebte Marketingstrategie. Der Wettbewerb um potentielle Kunden reicht dabei von zinsgünstigen Raten bis hin zu einem späteren Zahlungsbeginn. Selbst Ärzte, vorzugsweise Zahnärzte, bieten ihren Patienten bei Zuzahlungsleistungen Ratenverträge an.

Doch nicht nur als Variante für den Einkauf ist die Ratenvereinbarung bekannt. Eine Möglichkeit, um rechtzeitig und einfach aus den Schulden auszusteigen, kann ebenfalls der Ratenvertrag sein. Reagieren Sie am besten auf das erste Mahnschreiben des Gläubigers und bieten Sie ihm eine Ratenzahlung an.

Ratenzahlungen sind gern gesehen, denn sie kommen dem Schuldner genauso entgegen wie dem Gläubiger. Sie verringern Ihren Schuldenberg damit und das monatliche Haushaltsbudget wird nicht so stark belastet wie beispielsweise durch eine sofortige Rückzahlung. Ihr Gläubiger sieht außerdem Ihren guten Willen und wird besänftigt sein, denn nun kann er seinen Außenstand in absehbarer Zeit auf seinem Konto verbuchen. Dabei können Sie die Höhe der monatlichen Rate bestimmen. Das bedeutet aber nicht, dass Sie jetzt eine Schuld von 1.000 EUR in 5 EUR – Raten abzahlen können. Pauschal gilt folgende Regelung:

- ➢ **Hartz IV- Empfänger, Arbeitslose, Sozialhilfeempfänger** sollten je nach Schuldenvolumen (ab 100 EUR bis 1000 EUR) zwischen 15 bis 50 EUR als monatliche Raten anbieten.

- ➢ Für **Geringverdiener** gilt das gleiche.

- ➢ Sonst gilt eine **Rate von etwa 10 %** der Schuldensumme als annehmbar.

- ➢ **Ausnahmen** sind hier wieder einmal die Ämter wie die Energieanbieter. Diese möchten Ihre Rückstände innerhalb eines Jahres von Ihnen haben. Also teilen Sie die Summe durch 12 Monate und überlegen Sie, ob diese Rate in Ihrem Familienetat möglich ist. Wenn dies nicht der Fall ist, dann richten Sie Ihren Antrag auf Ratenzahlung lieber an den Vorgesetzten Ihres Sachbearbeiters. Schildern Sie sachlich und an Hand der Selbstauskunft, weshalb eine längerfristige Ratenzahlung für Ihre Familie notwendig ist.

Viele von Ihnen fragen sich jetzt, wie schreibt man so einen Antrag auf eine Ratenvereinbarung, ohne betteln zu müssen. Prinzipiell sollten Sie eines beherzigen: Erzählen Sie nicht lang und breit im Schreiben, warum Sie gezwungen sind, auf den Ratenvertrag auszuweichen. Halten Sie das Schreiben kurz, sachlich und gehen Sie besser genau auf die Gestaltung der Ratenzahlung ein. Ein Beispiel für einen Antrag auf einen Ratenvertrag kann so aussehen:

Absender: Name, Vorname
Strasse/ Hausnummer
Postleitzahl/ Ort
Telefon / Datum des Schreibens

An (Name oder Firma des Gläubigers)
Strasse/ Hausnummer
PLZ / Ort

Aktenzeichen oder Rechnungsnummer immer angeben

Betreff: Angebot für eine Ratenzahlung

Sehr geehrte Damen und Herren,

leider ist es mir aus persönlichen (oder **wirtschaftlichen** – das ist abhängig von dem Umstand, der das Geldproblem ausgelöst hat. Eine plötzliche Krankheit ist ein persönlicher Grund, Arbeitslosigkeit dagegen ist ein wirtschaftlicher Grund.) **Gründen nicht möglich, den gesamten Rechnungsbetrag an Sie zu überweisen. Ich biete Ihnen aber einen Ratenvertrag an.**

Ab dem (tragen Sie nun das Datum ein, ab dem Sie die Rate aufbringen können. Es sollte aber nicht weiter als drei Monate ab dem Datum des Schreibens liegen.) **01.12. 2009 könnte ich Ihnen monatlich einen Betrag von** (jetzt geben Sie die monatliche Rate an) **50 EUR per Dauerauftrag überweisen. Das würde eine Laufzeit von** (hier die Anzahl der errechneten Monate eintragen) **12 Monaten bedeuten.**

Eine aktuelle Selbstauskunft habe ich Ihnen beigefügt. Wie Sie daraus ersehen können, entspricht die angebotene monatliche Rate

meinem Nettoeinkommen. (Die Selbstauskunft zeigt Ihrem Gläubiger, wie es um Ihre Ein- und Ausgaben bestellt ist. Gleichzeitig verzichten die meisten Gläubiger auf das Betreiben des gerichtlichen Mahnverfahrens nach dem Vorliegen der Selbstauskunft und der Ratenvereinbarung. Denn mit dem Offenbaren Ihrer Vermögens- und Einkommensverhältnisse hat der Gläubiger einen Überblick, ob die Höhe der Raten gerechtfertigt ist.)

Ihre Antwort erwarte ich bis zum ...... (hier gehört das Datum hinein, bis zu welchem Sie die Rückantwort erwarten. Normal sind 14 Tage bis 4 Wochen.)

Mit freundlichem Gruß

Unterschrift

Mit diesem Schreiben wahren Sie die Form gegenüber dem Gläubiger und gleichzeitig Ihren Stolz. Weitere Ratenvereinbarungen finden Sie am Ende des Buchs in der Sammlung von Vorlagen.

Die Stundung

Die Stundung einer Schuld ist seltener bekannt und wird darum auch weniger in Anspruch genommen, da viele Schuldner nicht wissen, wie die rechtlichen Regelungen dazu aussehen.

Bei einer Stundung können Sie für einen bestimmten Zeitraum die Zahlung einer Schuld (meistens zinslos) hinausschieben. Dieses Stundungsangebot muss aber begründet sein. Also die Aussicht einer Wahrsagerin auf den großen Gewinn in Ihrem Leben ist da wenig glaubwürdig. Können Sie dagegen eine Nachzahlung von der Familienkasse oder einem anderen Amt durch einen Bescheid nachweisen, dann stimmt eine Großzahl von Gläubigern der Stundungsanfrage zu.

Wie bereits bei dem Ratenantrag so lautet auch bei dem Stundungsantrag die wichtigste Regel, alles sachlich formulieren und nachweisen. Das schafft Vertrauen und beweist Ihren guten Willen. Ein Beispiel für eine Stundungsanfrage bei Schulden haben wir als nächstes vorbereitet.

Absender: Name, Vorname
Strasse/ Hausnummer
Postleitzahl/ Ort
Telefon / Datum des Schreibens

An (Name oder Firma des Gläubigers)
Strasse/ Hausnummer
PLZ / Ort

Aktenzeichen oder Rechnungsnummer immer angeben

Bitte um Stundung

Sehr geehrte Damen und Herren,

mir ist es derzeit nicht möglich, Ihnen eine Ratenzahlung anzubieten. Ich beziehe ein monatliches Einkommen von … EUR, von dem ich meine notwendigsten Ausgaben bestreiten muss. Als Nachweis lege ich Ihnen meine aktuelle Selbstauskunft bei.

Um die Kosten und Zinsen nicht weiter auflaufen zu lassen, möchte ich Sie bitten, für die Dauer von drei Monaten von Vollstreckungsmaßnahmen abzusehen und einer zins- und kostenfreien Stundung zu zustimmen. Innerhalb der nächsten drei Monate erhalte ich von der Familienkasse… (Name / Ort) eine Nachzahlung in Höhe von … EUR. Den Bescheid (oder einen Nachweis der Antragsstellung) lege ich ebenfalls bei.

Für Ihr Entgegenkommen bedanke ich mich im Voraus.

Mit freundlichen Grüßen

(Ort, Datum, Unterschrift)

Anlagen: Selbstauskunft, Bescheid über zu erwartende Leistungen

Der Forderungsverzicht

Es passiert relativ selten, dass ein Gläubiger auf einen Antrag auf Forderungsverzicht eingeht. Normalerweise sind es große Unternehmen, die sich darauf einlassen. Kleinere Unternehmen können auf keinen Cent verzichten und angesichts der derzeitigen Wirtschaftskrise werden auch die Giganten es sich zweimal überlegen, ob sie auf einen Forderungsverzicht eingehen. Doch warum sollten Sie es nicht trotzdem probieren.

Bei einem Forderungsverzicht müssen Sie schwerwiegende Gründe angegeben, um den Gläubiger nachzuweisen, dass Sie die Schuld nicht abbezahlen können. Solche Gründe sind **nicht**:

> Hartz IV- Bezug,
> Arbeitslosigkeit,
> Rentenbezug,
> Kreditkündigung,
> Geburt eines Kindes.

Dagegen waren folgende Gründe erfolgreich, wie:

> Schwere lange Krankheit
> Beantragung der Privatinsolvenz
> Rentenbeantragung wegen Erwerbsunfähigkeit
> Tod Ihres Lebenspartners und damit Wegfall seines Einkommens
> Aufgabe des Berufes zur Pflege des Lebenspartners oder Ihres Kindes.

Bitte denken Sie daran, dass Sie die Gründe auch nachweisen müssen. In einem uns bekannten Fall wurde die Mutter einer Familie vor vier Jahren schwer krank. Das Einkommen von fast 2.000 EUR fehlte urplötzlich. Der Frau wurde noch im Krankenhaus empfohlen, einen Rentenantrag zu stellen, da sie sich nie wieder vollständig von der Erkrankung erholen würde. Sie tat dies. Mit dem Ergebnis, dass sich weder die Arbeitsgemeinschaft noch andere Ämter für die Überbrückungszeit zuständig hielten. Die Familie verarmte. Bis heute dauern die Gerichtsverfahren wegen Erwebsunfähigkeitsrente und sozialen Mitteln vor dem Sozialgericht in erster Instanz an. Die Schulden wuchsen an. Die Frau verschickte nun auf unser Anraten Anträgen auf Forderungsverzicht und die Mehrzahl der Gläubiger hat dem zugestimmt, denn es war nicht zu erwarten, dass die Frau je wieder arbeiten gehen kann. Durch den Nachweis (die umfangreiche Korrespondenz an die Gerichte und Anwälte) wurden die Gläubiger letztlich überzeugt.

Das zeigt, dass Sie bei einem Forderungsverzicht sehr ausführlich erklären müssen, wieso Sie nicht Ihre Schulden bei dem Gläubiger begleichen können. Auch wenn der Brief sehr dick wird, legen Sie jeden Nachweis dazu, der Ihre Gründe untermauert. Die Selbstauskunft gehört zu jedem Schreiben an den Gläubiger.

Sie fragen sich, wie so ein Schreiben aussehen sollte? Auf der nächsten Seite zeigen wir Ihnen ein Beispiel für den Fall einer schwerwiegenden Krankheit. Weitere Beispiele finden Sie im Anhang des Buchs.

Absender: Name, Vorname
Strasse/ Hausnummer
Postleitzahl/ Ort
Telefon / Datum des Schreibens

An (Name oder Firma des Gläubigers)
Strasse/ Hausnummer
PLZ / Ort
Aktenzeichen immer angeben

Antrag auf Forderungsverzicht

Sehr geehrte Damen und Herren,

unter dem oben genannten Aktenzeichen habe ich eine Schuld bei Ihnen in Höhe von … EUR. Eine Ratenzahlung oder die Zahlung eines Teilbetrages ist mir leider auch in Zukunft nicht möglich, da ich seit dem …. (Beginn der Krankheit) schwer erkrankt bin an … (Name der Krankheit). Wie Sie den beigelegten Nachweisen entnehmen können, ist eine Besserung meines Gesundheitszustandes in nächster Zeit nicht zu erwarten. Das bedeutet, dass sich mein Einkommen drastisch verschlechtert hat. Aufgrund meiner Krankheit werde ich dauerhaft erwerbsunfähig sein, sodass eine Einkommensverbesserung – auch langfristig gesehen – nicht zu erwarten ist.

Ich bitte Sie daher um die Ausbuchung und somit den Verzicht Ihrer Forderung. Zur Glaubhaftmachung meiner Angaben sende ich Ihnen meinen aktuellen Einkommensnachweis wie die Nachweise zu meiner Krankheit und der Antragstellung auf Erwerbsunfähigkeitsrente bei der Rentenkasse zu.
Vielen Dank für Ihr Verständnis.

Unterschrift

Der Teilverzicht oder Vergleich

Eine weitere Möglichkeit, um Schulden zu reduzieren, stellt der Teilverzicht dar. Allgemein ist der Teilverzicht auch als Vergleich bekannt.

Dabei verpflichten Sie sich als Schuldner einen angemessenen Teil der aufgelaufenen Gesamtsumme zu bezahlen. Der Gläubiger kommt Ihnen entgegen und verzichtet auf den restlich ausstehenden Teil der Gesamtsumme. Als angemessen wird die Begleichung von mindestens 75 % der ursprünglichen Schuld betrachtet. Das bedeutet, dass 25 % der eigentlichen Schuldsumme wie die horrenden Zinsen und sonstigen Kosten Ihnen erlassen werden. Oft genug handelt es sich dann um die Hälfte aller Kosten.

In der Praxis bieten diese Art von Teilverzicht größere Unternehmen von sich aus an, wenn sie eine aktuelle Selbstauskunft des Schuldners vorliegen haben. In den meisten Fällen wird hierbei auf die Mahnkosten und Zinsen verzichtet.

Es hat sich gezeigt, dass Sie durchaus handeln können, liegt Ihnen so ein Angebot vor. Doch auf weniger als 75 % der ursprünglichen Summe lassen sich die Firmen nur ein, sollten Sie bereits Ihre eidesstattliche Versicherung abgegeben haben. Dann könnten Sie Glück haben und ein Angebot der Bezahlung von 50 % des eigentlichen Schuldbetrages wird vom Gläubiger angenommen.

Hierzu ein Beispiel: Sie kaufen ein Topfset für 100 EUR bei dem Gläubiger XX. Durch Insolvenz Ihrer Firma verlieren Sie Ihren Arbeitsplatz und können das Set nicht mehr bezahlen. Durch die Mahnungen und Inkassogebühren kommen noch einmal 100 EUR zusammen. Das heißt, insgesamt haben Sie jetzt eine Schuld von 200 EUR. Um ein Vollstreckungsverfahren abzuwenden, bieten Sie dem Gläubiger XX einen Teilverzicht an. In dem Schreiben verpflichten Sie sich sofort nach Annahme des Angebotes 75 EUR der Ursprungssumme zu zahlen, wenn der Gläubiger auf die restliche Forderung verzichtet. Dies untermauern Sie, indem Sie Ihrem Antrag auf Teilverzicht eine Selbstauskunft sowie den aktuellen Bescheid des Arbeitsamtes und eine Aufstellung Ihrer derzeitigen Abzahlungen und Verpflichtungen mitschicken.

Bei dem Schreiben achten Sie bitte darauf, dass Sie das entsprechende Aktenzeichen angeben und vor allem sachlich bleiben. Lange, emotionale Ausführungen interessieren Ihren Gläubiger nicht. Jedoch dürfen Sie nicht vergessen, als Anlage Ihre Nachweise wie Bescheide, Einkommensnachweise und die Selbstauskunft dem Schreiben beizulegen.

Die Formulierung des Antrags auf Teilverzicht ähnelt dem Antrag auf Forderungsverzicht, wie unser nächstes Beispiel zeigt:

Absender: Name, Vorname
Strasse/ Hausnummer
Postleitzahl/ Ort
Telefon / Datum des Schreibens

An (Name oder Firma des Gläubigers)
Strasse/ Hausnummer
PLZ / Ort
Aktenzeichen immer angeben

Antrag auf Teilverzicht

Sehr verehrte Damen, sehr geehrte Herren,

unter dem o. g. Aktenzeichen wird der bisherige Schriftverkehr geführt.

Meine wirtschaftliche Situation hat sich in den letzten Monaten durch meine Arbeitslosigkeit (den entsprechenden Grund eintragen) derart verschlechtert, dass es mir momentan nicht möglich ist, die ausstehende Gesamtsumme von … € in einem Betrag zu zahlen.

Deshalb unterbreite ich Ihnen den nachfolgenden Vorschlag:

Ich könnte Ihnen sofort …. EUR auf die Schuldsumme zahlen. Dafür verzichten Sie auf die restliche Forderung in Höhe von … EUR.

Sie würden mir damit sehr helfen und ich danke Ihnen für Ihr Entgegenkommen schon im Voraus.

Mit freundlichem Gruß

Unterschrift

Teilverzicht mit Ratenangebot

Ein neuer und interessanter Trend ist das Ratenangebot mit einem Teilverzicht. Vom Prinzip her ist es eine Zusammenlegung von dem bereits vorgestellten Teilverzicht und dem Ratenangebot.

Dem Gläubiger wird dabei angeboten, die Hauptsumme in Raten zurück zu zahlen und dass dieser im Gegenzug auf die aufgelaufenen Zinsen und sonstigen Kosten verzichtet. Dies ist oft einfacherer zu bewerkstelligen, da es die Familienkasse nicht so stark belastet.

Einziger Nachteil ist aber, dass die von Ihnen zu zahlende Teilsumme die eigentliche Schuld beinhaltet. Bei unserem Beispiel mit dem Topfset wäre das Kaufsumme von 100 EUR, die Sie zu zahlen haben, während der Gläubiger auf die Mahnkosten von 100 EUR verzichtet.

In der Mehrzahl der Fälle lassen sich aber die Gläubiger eher auf dieses Angebot ein, als auf einen kompletten Verzicht oder einen Vergleich mit 75 % der Kaufsumme, da sie die eigentliche Schuld in absehbarer Zeit zurück gezahlt bekommen.

Auch in den Schreiben zu einem Ratenangebot mit Teilverzicht hat es sich bewährt, wenn ein sachlicher und präziser Stil angewandt wird.

Absender: Name, Vorname
Strasse/ Hausnummer
Postleitzahl/ Ort
Telefon / Datum des Schreibens

An (Name oder Firma des Gläubigers)
Strasse/ Hausnummer
PLZ / Ort
Aktenzeichen (immer angeben!)

Antrag auf Teilverzicht mit Ratenangebot

Sehr verehrte Damen, sehr geehrte Herren,

unter dem o. g. Aktenzeichen wird der bisherige Schriftverkehr geführt.

Meine wirtschaftliche Situation hat sich in den letzten Monaten durch meine Krankheit (den entsprechenden Grund eintragen) derart verschlechtert, dass es mir momentan nicht möglich ist, die ausstehende Gesamtsumme von … € in einem Betrag zu zahlen.

Deshalb unterbreite ich Ihnen den nachfolgenden Vorschlag:
Ich könnte Ihnen ab dem 01.01.2010 (das Datum der ersten Ratenzahlung eintragen) in vier Monatsraten zu je …. EUR auf die Schuldsumme zahlen. Dafür verzichten Sie auf die angelaufenen Mahn-, Inkassogebühren in Höhe von … EUR. Über die Raten würde ich einen Dauerauftrag einrichten.

Sie würden mir damit sehr helfen und ich danke Ihnen für Ihr Entgegenkommen schon im Voraus.

Mit freundlichem Gruß

Unterschrift

Hinweise zu dem Umgang mit dem Gläubiger

Durch Unerfahrenheit im Umgang mit dem Gläubiger entstehen vielen Schuldnern Fehler, die sich später rächen können. So ist den wenigsten Schuldnern bekannt, dass sie nichts mündlich mit dem Gläubiger regeln sollen. Alles, was Sie nicht schriftlich haben, besitzt keinerlei Rechtswirksamkeit. Also führen Sie keine Telefonate oder mündliche Absprachen mit dem Gläubiger, sondern halten Sie sich an die bewährte schriftliche Form. Übrigens, einige Emailprovider bieten inzwischen das Emaileinschreiben ein, eine kostengünstige und gleichwertige Alternative zu dem Posteinschreiben.

Unterschreiben Sie grundsätzlich keine vom Inkassobüro bzw. Inkassoanwalt vorformulierten Schuldanerkenntnisse und Selbstauskunftsbögen! Verwenden Sie besser eine Selbstauskunft auf der Internetseite einer Schuldnerberatung des DRKs oder die hier im Buch angebotenen Vorlagen.

Lassen Sie niemals zusätzlich Ihren Partner oder Ihre Partnerin mit unterschreiben, egal, um was es sich dabei handelt. Ein guter Anwalt des Gläubigers könnte Ihren Lebenspartner dann für die Schulden haftbar machen.

Mitarbeiter von Inkassobüros sollten Sie lieber nicht in Ihre Wohnung lassen. Nur Gerichtsvollzieher und Vollzugsbeamte der öffentlichen Verwaltung sind gesetzlich berechtigt, Ihre Wohnung zu betreten.

Inkassobüromitarbeiter müssen die Abtretungsklausel sowie einen Ausweis des betreffenden Büros vorweisen, sonst halten Sie sich einfach weiter an Ihren Gläubiger.

Teilen Sie dem Gläubiger **die Gründe** (z. B. Arbeitslosigkeit, Sozialhilfebezug) mit, warum Sie derzeit keine Zahlungen leisten können, und weisen Sie auf einen möglichen Termin bei der Schuldnerberatung hin. Bleiben Sie bei allem, was Sie tun, gegenüber dem Gläubiger **sachlich und korrekt**. Das gilt besonders bei Forderungen, die nicht gerechtfertigt sind. Überprüfen Sie jede Forderung auf ihre Korrektheit. Das betrifft auch die **Nebenkosten, wie Mahngebühren, Zinsen, Anwaltskosten**. Sobald eine Forderung durch Sie bezahlt wurde, muss der Gläubiger Ihnen den **entwerteten Titel aus der Vollstreckung oder einen Erledigungsvermerk** zusenden. Tut er dies nicht, mahnen Sie dies unbedingt an. Gern vergessen die Gläubiger die SCHUFA von der Bezahlung der Schuld zu informieren und die Löschung des Eintrages zu veranlassen. Weisen Sie Ihren Gläubiger nach Erledigung der Schuld darauf hin, dass er dafür Sorge zu tragen hat. Dies ist für Sie völlig kostenfrei und gehört zu den Obliegenheiten des Gläubigers. Folgender kleiner Vermerk lohnt sich meistens, wenn es zu einer Einigung zwischen Ihnen und Ihrem Gläubiger gekommen ist.
„Nach Eingang des Geldes bitte ich um die Zusendung des entwerteten Titels oder eines Erledigungsvermerks. Soweit die Forderung bei der SCHUFA gemeldet wurde, bitte ich Sie um eine Löschungsmitteilung an die SCHUFA.“

Das gerichtliche Mahnverfahren

Viele Schuldner glauben, wenn sie das Problem „Schulden" ignorieren, dann löst es sich in Luft auf. Oft werden Briefe nicht mehr geöffnet oder unbeantwortet in eine Schublade gelegt, in der irrigen Hoffnung alles erledigt sich irgendwie von allein.

Das Gegenteil ist aber der Fall. Die Gläubiger haben eine Leistung erbracht und wollen verständlicherweise ihr Geld dafür erhalten. Da die Mahnungen und Abzahlungsangebote unbeantwortet geblieben sind, muss der Gläubiger davon ausgehen, der Schuldner, also Sie wollen nicht zahlen und leitet deshalb das gerichtliche Mahnverfahren ein.

Im gerichtlichen Mahnverfahren stellt der Gläubiger einen Antrag bei seinem zuständigen Amtsgericht. Dabei soll das Mahnverfahren eine aufwendige Zivilklage dem Gläubiger ersparen und so ihm schnell wie relativ günstig zu seinem Recht verhelfen. Leider nutzen diesen Weg nun auch zwielichtige Unternehmen, denn die Rechtmäßigkeit der Forderung muss bei der Antragstellung nicht nachgewiesen werden. Darum müssen Sie unbedingt überprüfen, ob die **jeweilige Forderung wirklich gerechtfertigt** ist.

Der Mahnbescheid ist die gerichtliche Aufforderung, dass Sie als Schuldner entweder die Forderung bezahlen oder sich dazu äußern. Sie erhalten dazu von Ihrem Amtsgericht einen gelben Brief, welcher Ihnen persönlich zugestellt wird.

Aufgepasst! Der Brief gilt auch als zugestellt, wenn er in Ihrem Briefkasten hinterlegt ist. Ein Wiedereinsetzungsverfahren (eine Möglichkeit um ein Mahnverfahren trotz Fristablauf noch einmal aufzunehmen) wegen Krankenhausaufenthalt oder Urlaub ist nicht zulässig.

Ab dem Datum der Zustellung haben Sie nun verschiedene Möglichkeiten.

> Sie ignorieren das Schreiben, was aber schlecht ist, denn in diesem Fall erwirbt der Gläubiger einen rechtskräftigen Schuldtitel gegen Sie und kann damit den Gerichtsvollzieher beauftragen, bei Ihnen zu pfänden. Dieser Titel gilt übrigens 30 Jahre, was bedeutet, Ihre Schulden können über diesen Zeitraum vollstreckt werden.

> Sie setzen sich mit dem Gläubiger in Verbindung und vereinbaren eine Ratenzahlung. In diesem Fall wird meistens das gerichtliche Mahnverfahren eingestellt.

> Oder Sie wissen, dass Sie bereits den Betrag gezahlt haben bzw. andere Einwände gegen diese Mahnung haben und gehen ins Widerspruchsverfahren.

Der Widerspruch beim gerichtlichen Mahnverfahren

Mit dem gerichtlichen Mahnbescheid erhalten Sie gleichzeitig den Vordruck für das mögliche Widerspruchsverfahren. Dieser Widerspruch muss **innerhalb von 14 Tagen** seit der Zustellung des Bescheides bei dem zuständigen Amtsgericht eingehen. Der Tag der Zustellung entnehmen Sie der Vorderseite des Briefumschlags, auf welchem der Briefträger vermerkt hat, wann Ihnen das gerichtliche Mahnverfahren zugestellt wurde. Hier sind noch keine Nachweise durch Sie notwendig.

Dabei lässt der Vordruck verschiedene Stufen des Widerspruches gegen den Mahnbescheid zu.

Zeile 2: So können Sie dem gesamten Anspruch widersprechen. Das empfiehlt sich, wenn die Forderung unberechtigt ist.

Zeile 3 bis 4: Doch es kann auch einem Teil der Forderung unter folgenden Punkten widersprochen werden:

> - Der **Hauptforderung** wegen eines Teilbetrages: hier muss der relevante Teilbetrag angegeben werden, einschließlich Zinsen und Verfahrenskosten. Das sollte angewandt werden, wenn ein Teilbetrag bereits bezahlt wurde.
> - Den **Zinsen**: nun besteht die Möglichkeit den Zinsen insgesamt zu widersprechen. So etwas lohnt sich, wenn der angewandte Zinssatz über dem derzeitigen Basiszinssatz der deutschen Bundesbank liegt. Das

kann auf der Internetseite der Deutschen Bundesbank nachgelesen werden. Viel zu oft werden durch Inkassobüros oder Anwaltskanzleien viel zu hohe Zinssätze angegeben.

> Dazu gehören in der Regel auch die **laufenden Zinsen**, welche auf dem errechneten Zinssatz liegen.

> Die **Verfahrenskosten** können in der Mehrzahl der Fälle ebenfalls angezweifelt werden. Da rund 90 % der Verfahren nicht widersprochen wird, hat es sich leider bei einigen Gläubigern eingebürgert, die Verfahrenskosten höher anzugeben, als laut der RVG und dem GKG zulässig sind. Wer sich unsicher ist, muss nur ein wenig im Internet googlen, um die aktuellen Verfahrenskosten herauszufinden.

> Sollten **andere Nebenforderungen** aufgestellt worden sein, so können Sie diesen auch widersprechen. Nebenforderungen können unter anderem Schadensersatzansprüche, Inkassokosten oder Nachforschungskosten, etc. sein.

Reicht der Platz nicht aus, um den Widerspruch gegen einen Teil des Anspruches zu begründen, dann beschreiben Sie genau auf einem gesonderten Blatt, wogegen Sie Widerspruch erheben und legen Sie dieses Blatt dem Widerspruch bei.

Die weißen Felder auf dem Widerspruchsvordruck müssen von Ihnen je nach Relevanz ausgefüllt werden.

Zeile 5: Hat sich Ihre Adresse geändert, so füllen Sie das Feld unter dem Widerspruch von Teilen der Forderung aus. Dieses gilt für neue Anschriften.

Zeile 6 bis 11: Beauftragen Sie einen Anwalt mit dem Widerspruch oder ist der Anspruch gegen eine entmündigte Person bzw. einen Minderjährigen gerichtet, dann muss die Adresse und der Name des gesetzlichen Vertreters (Erziehungsberechtigter oder Vormund – Zeile 6 und 7) oder des Prozessbevollmächtigten (Anwalt – Zeile 8 bis 11, einen Abschnitt tiefer) eingetragen werden. Einem Anwalt bringen Sie nur die entsprechenden Unterlagen mit und dieser wird sich um alles Weitere kümmern. Dieser trägt dann auch sein Aktenzeichen in dem Widerspruch ein.

Zeile 12: Vergessen Sie nicht, zu unterschreiben! Ohne Ihre Unterschrift ist der Widerspruch rechtsunwirksam. Das bedeutet: Das gleiche Resultat wäre entstanden, hätten Sie den Widerspruch gar nicht abgeschickt.

Nun wird durch das Gericht die Rechtmäßigkeit der Forderung überprüft. Die **Beweislast** liegt hier hauptsächlich bei dem Gläubiger. Sie sollten aber eventuelle Beweise für Ihren Widerspruch bereithalten oder mit dem Widerspruch mitschicken. Normalerweise werden Sie aufgefordert, zu den Beweisen des Gläubigers Stellung zu nehmen.

> **Bleiben Sie bei allen Ausführungen sachlich, auch wenn es Ihnen schwer fällt.**

Niemanden hilft es, wenn Sie die Emotionen hochschlagen lassen und meisten schaden solche Ausbrüche Ihnen und Ihrem Anliegen mehr, als dass solche Gefühle Ihnen helfen.

Der Vollstreckungsbescheid

Viele verkennen, was ein Vollstreckungsbescheid tatsächlich darstellt. Dieser Bescheid ist gleichbedeutend (nach 14 Tagen Einspruchsfrist) mit einem **rechtskräftigen Versäumnisurteil**. Damit hat der Gläubiger einen Schuldtitel gegen Sie als Schuldner erworben, welcher nun 30 Jahre lang gegen Sie vollstreckbar ist.

Das bedeutet, Sie werden entweder Zwangsmaßnahmen hinnehmen müssen, bis die Schuld bezahlt ist oder Sie geben die eidesstattliche Versicherung ab.

Formen der Vollstreckung sind unter anderem die Zwangsvollstreckung, die Lohn- und Gehaltspfändung oder die Pfändung wie Versteigerung von Sachwerten des Schuldners durch den Gerichtsvollzieher.

Der Vollstreckungsbescheid wird in die SCHUFA eingetragen und erst nach drei Jahren gelöscht. Nachdem die Schuld bezahlt wurde, können Sie aber mit einer Bestätigung des zuständigen Amtsgerichtes eine Löschung Ihres Eintrages bei der SCHUFA fordern.

Doch es gibt noch eine Möglichkeit, sich gegen diesen Bescheid zu wehren. Der Einspruch gegen den Vollstreckungsbescheid.

Einspruch gegen den Vollstreckungsbescheid

Angenommen, Sie haben nun den Termin zum Widerspruch gegen das Mahnverfahren verpasst, dann haben Sie jetzt noch die Möglichkeit innerhalb von **14 Tagen** gegen den Vollstreckungsbescheid vorzugehen. Danach ist der Bescheid rechtswirksam.

Wie alle Bescheide enthält auch der Vollstreckungsbescheid eine **Rechtsmittelbelehrung**. Darin steht, in welchem Zeitraum ein Einspruch gegen den Vollstreckungsbescheid möglich ist. Normalerweise sind das 14 Tage, ab dem Tag der Zustellung.

Aufgepasst:
Ohne diese Belehrung ist jeder Bescheid rechtsunwirksam und Sie haben das Recht, diesen Bescheid innerhalb eines Jahres anzufechten. Die Rechtsmittelbelehrung ist deshalb so wichtig, weil sie die notwendigen Fristen und Formen enthält, die für eine rechtmäßige Anfechtung des Bescheides notwendig sind.

Doch was ist eigentlich ein Rechtsmittel?

Die Rechtsmittelbelehrung schließt jeden schriftlichen Verwaltungsakt oder Bescheid ab. Darin wird man auf die Frist zur Einlegung von Rechtsmitteln hingewiesen und an wen dieser Widerspruch zu schicken ist.

Ein Rechtsmittel ist die formale Anfechtung einer staatlichen Entscheidung zum Zwecke der Aufhebung oder Abänderung. Oder einfach ausgedrückt:

Ein **Rechtsmittel ist also für Sie die Möglichkeit** zu sagen: „Nein, diesen Bescheid nehme ich so nicht hin, weil er falsch ist. Ich will, dass dieser Bescheid geändert wird und das sind meine Gründe dafür. Schaut in dem Gesetz nach, da steht es so."

Das ist zwar eine sehr einfache Interpretation der Definition „Rechtsmittel", beinhaltet aber letztlich alles, worauf es ankommt.

Tipp: So lange, wie man eine Entscheidung **anfechtet**, ist sie **nicht rechtskräftig**. Sie befindet sich während dieser Zeit in einer Art Schwebezustand. Das Einlegen von Rechtsmitteln kann also aufschiebende Wirkung haben.

Immer häufiger werden aber diese Rechtsmittelbelehrungen bei Bescheiden „vergessen". Das führt nun leider nicht zur Nichtigkeit der ganzen Angelegenheit, aber Sie können **innerhalb eines Jahres gegen diesen Bescheid klagen** bzw. Widerspruch einreichen. Dies gilt für alle Arten von Bescheiden und Urteilen, an die eine Rechtsmittelbelehrung geknüpft ist.

Wichtig: Auch wenn Sie einen **Einspruch nach § 700 Absatz 3 ZPO** gegen den Vollstreckungsbescheid einreichen, kann der Gläubiger trotzdem während dieser Verfahrenszeit die Vollstreckung betreiben, was aber in den seltensten

Fällen passiert. Da aber dieses möglich ist, sollte unbedingt das Widerspruchsverfahren in dem gerichtlichen Mahnverfahren in Anspruch genommen werden.

Was gehört in einen Einspruch?

Der Einspruch gegen den Vollstreckungsbescheid sollte **immer** das gerichtliche Aktenzeichen des Bescheides enthalten wie Ihre eigene Adresse, das Datum der Zustellung. Begründen müssen Sie Ihren Einspruch noch nicht. Wer unsicher ist, kann auch zur kostenlosen Rechtsberatung des Amtsgerichts gehen und sich dort beraten lassen. Sie können aber auch unseren formlosen Einspruch verwenden, der in unserem nächsten Beispiel folgt:

Absender: Name, Vorname
Strasse/ Hausnummer
Postleitzahl/ Ort
Telefon / Datum des Schreibens

An Amtsgericht ... (das zuständige Amtsgericht entnehmen Sie dem Vollstreckungsbescheid)
Strasse/ Hausnummer
PLZ / Ort
Aktenzeichen des Gerichts (immer angeben!)

Einspruch gegen den Vollstreckungsbescheid vom .... (das Datum ist ebenfalls dem Bescheid zu finden) zugestellt am ... (das ist Datum, welches der Postbote auf den gelben Umschlag einträgt)

Sehr geehrte Damen und Herren,

hiermit lege ich fristgerecht Einspruch gegen den Vollstreckungsbescheid der Firma ... (Ihr Gläubiger mit Adresse) ein.

Mit freundlichem Gruß

Unterschrift

Der Verlauf eines Einspruchs gegen den Vollstreckungsbescheid

Mit dem Einspruch wird der Vorgang wieder in ein Streitverfahren übergeleitet und ist somit der Klärung durch das Gericht überantwortet. Das Schöne daran ist, Ihr Gläubiger ist nun in der Pflicht, Ihnen nachzuweisen, dass Sie tatsächlich bei ihm in der Schuld stehen. Dazu steht ihm eine bestimmte Frist zur Verfügung. Lässt der Gläubiger diesen Zeitraum verstreichen, so muss er mit der Aufhebung des Vollstreckungsbescheids und der Abweisung der Klage als unzulässig rechnen.

Sie müssen dann zu den Darstellungen des Gläubigers in einer gewissen Frist ebenfalls schriftlich Stellung beziehen. Ein persönliches Erscheinen ist in den meisten Fällen nicht notwendig. Der Richter fällt sein Urteil an Hand des Schriftverkehrs.

Lassen Sie sich nicht entmutigen, wenn der Antragsgegner ein Schriftstück voller Paragraphen schickt. Entweder Sie nehmen sich einen Anwalt und beantragen Prozesskostenhilfe oder Sie suchen die kostenlose **Rechtsberatung** Ihres Amtsgerichtes auf. Dort werden Sie umfassend beraten und eventuelle

Schreiben aufgesetzt. Sie müssen nur ausreichend Zeit sowie alles zu dem betreffenden Vorgang mitbringen.

Wird Ihr Einspruch negativ beschieden, dann ist der Vollstreckungsbescheid rechtswirksam.

Rechtswirksamer Vollstreckungsbescheid – und nun?

Angenommen, Sie haben die Einspruchsfrist gegen den Vollstreckungsbescheid verstreichen lassen, dann bleiben Ihnen nicht mehr viele Möglichkeiten, um gegen den Bescheid vorzugehen.

Zum einen können Sie unter bestimmten Voraussetzungen ein Wiedereinsetzungsverfahren erwirken. Solche Gründe für diese Verfahrensart sind zum Beispiel:

> **Die unwirksame Zustellung** – das kann auftreten, wenn Sie umgezogen sind und der Bescheid an Ihre alte Adresse zugestellt wurde, obwohl Sie dort gar nicht mehr wohnen. Melden Sie sich in diesem Fall umgehend bei dem Amtsgericht.

> **Die unverschuldete Hinderung** – sind Sie beispielsweise für längere Zeit zur Kur oder im Urlaub gewesen, so konnten Sie die Einspruchsfrist nicht wahrnehmen.

Aber aufgepasst! Sobald Sie Kenntnis von dem ergangenen Vollstreckungsbescheid erhalten, haben

Sie nur **14 Kalendertage** Zeit, um das Wiedereinsetzungsverfahren zu beantragen. Ob das Gericht nun Ihrem Antrag folgt, ist eine Ermessensfrage des zuständigen Richters. Wie so ein Antrag auf Wiedereinsetzung des Verfahrens aussehen muss, zeigen wir im nächsten Beispiel.

Absender: Name, Vorname
Strasse/ Hausnummer
Postleitzahl/ Ort
Telefon / Datum des Schreibens

An Amtsgericht … (das zuständige Amtsgericht entnehmen Sie dem Vollstreckungsbescheid)
Strasse/ Hausnummer
PLZ / Ort
Aktenzeichen des Gerichts (immer angeben!)

Antrag auf Wiedereinsetzung des Verfahrens gegen den Vollstreckungsbescheid vom …. (das Datum ist ebenfalls dem Bescheid zu finden) **zugestellt am …** (das ist Datum, welches der Postbote auf den gelben Umschlag einträgt) **nach § 233, § 236 ZPO und nach § 32 Abs. 1 und 2 VwVfG**

Sehr geehrte Damen und Herren,

ich stelle hiermit den Antrag auf Wiedereinsetzung des o. g. Vollstreckungsverfahren wegen … (hier fügen Sie den jeweiligen Grund an wie Unwirksamkeit der Zustellung / Krankheit / dauerhafte Abwesenheit aus beruflichen Gründen / Kur / Urlaub oder sonstiges).
Begründung: Ich war vom … bis … (tragen Sie nun das Datum Ihrer Abwesenheit ein) in …. (Ort). /(oder) Die Zustellung war unwirksam, da ich bereits am … (Tag der Ummeldung) umgezogen war.
Als Nachweis lege ich … (Nachweis aufführen) dem Antrag bei. Deshalb konnte ich den Einspruch gegen den

Vollstreckungsbescheid nicht wahrnehmen. Da es sich um eine unberechtigte Forderung handelt und ich unverschuldet die Frist zum Einspruch versäumt habe, beantrage ich die Wiedereinsetzung nach den o.g. Paragraphen.

Mit freundlichem Gruß   Unterschrift

Nach dem Vollstreckungsbescheid

Verläuft Ihr Antrag auf Wiedereinsetzung negativ, so wird der Vollstreckungsbescheid rechtswirksam. Das bedeutet für Sie, dass Sie die Schuld bezahlen müssen und diese **30 Jahre** gegen Sie vollstreckbar bleibt.

Weiter können nun unter anderem Gegenstände, Immobilien, Werte, ausstehende Zahlungen an Sie, Lohn und Konten **gepfändet** werden, bis die Schuld bezahlt ist.

Verfügen Sie über keinerlei Tilgungsmöglichkeiten, dann kann der Gläubiger von Ihnen die **eidesstattliche Versicherung** verlangen. Falls Sie sich weigern, zur Abgabe der eidesstattlichen Versicherung zu erscheinen, kann ein Haftbefehl gegen Sie erlassen werden. Das hat zur Folge, Ihnen drohen bis zu sechs Monate in Erzwingungshaft.

Eine weitere Konsequenz für Sie ist der mindestens dreijährige Eintrag bei der **SCHUFA**. Was das genau bedeutet und auf was Sie im Umgang mit der SCHUFA achten müssen, stellen wir im nächsten Kapitel dar.

SCHUFA – worauf muss ich achten?

Hinter dem Begriff **„SCHUFA"** verbirgt sich „Schutzgemeinschaft für allgemeine Kreditsicherheit" und ist eine privatrechtliche Gesellschaft, welche Auskünfte über Ihr Verhalten mit Krediten, Ratenzahlungen oder in Bezug auf Rechnungen sammelt. Diese Informationen stellt die SCHUFA wiederum Firmen, Banken und Privatleuten zur Verfügung, um Ihre Kreditwürdigkeit überprüfbar werden zu lassen.

Leider häuft es sich in den letzten Jahren, dass die SCHUFA auch **unberechtigte Ansprüche** aufnimmt und weitergibt. Die Löschung falscher oder erledigter Einträge gestaltet sich schwierig. Oft reicht es nicht, die Überweisungen oder Erledigt - Vermerke des Gläubigers vorzuweisen, sondern es wird von Seiten der SCHUFA auf dem Löschungsantrag des Gläubigers bzw. des jeweiligen Amtsgerichtes bestanden.

Weiter unterscheidet die SCHUFA nicht zwischen rechtskräftigen Schulden oder solchen, gegen die Widerspruch eingelegt wurden. Dies sind Verfahren, die sich gesetzlich in der Schwebe befinden und eigentlich gar nicht zugänglich sein sollten. Die Realität ist aber eine andere. Diese Art von Schuldtiteln bzw. Mahnungen (also Vorgänge, welche noch gar keine Schuld im Sinne einer Vollstreckung darstellen) übermittelt die SCHUFA unerlaubt an anfragenden Firmen oder Personen. Ungelöschte

Einträge sind bei manchen Schuldnern bis zu 10 Jahre in der SCHUFA eingetragen.

Die **Löschungsfrist** beträgt allgemein 3 Jahre von SCHUFA-Einträgen nach der Bezahlung der Schuld. Das heißt aber nicht, wenn Sie beispielsweise am 12. 12. 2009 Ihren Außenstand bezahlen und der Gläubiger am 02. 01. 2010 den Löschungsantrag einreicht, erfolgt die Löschung der Daten zum 12. 12. 2012. Die Austragung des Eintrages können Sie erst am 02. 01. 2013 erwarten, da der Gläubiger erst 2010 die Tilgung der Schuld an die SCHUFA übermittelt hat. Es geht also um drei Kalenderjahre ab dem Kalenderjahr, in welchem die Austragung beantragt wurde.

In bestimmten Fällen ist eine **sofortige Löschung** leichter SCHUFA- Einträge möglich. Darunter zählen:

> ➢ Getilgte Schulden aus Mobilfunkverträgen,
> ➢ Bezahlte Schulden bei Versandhäusern,
> ➢ Einträge von 3. Mahnungen,
> ➢ Erledigte SCHUFA-Einträge bis zu 1.000 EUR

Eine **Sperrung Ihrer Daten** können Sie bei schwebenden Verfahren von der SCHUFA verlangen. Die SCHUFA darf nur **Informationen über unbestrittene Forderungen** weitergeben. Haben Sie nun aber Widerspruch wegen beispielsweise überzogener Inkassogebühren eingelegt, dann muss dieser Forderungseintrag unsichtbar für Dritte sein und darf nicht weitergegeben werden.

- Schicken Sie eine Kopie Ihres Widerspruches an die SCHUFA mit dem Vermerk, dass laut Bundesdatenschutz die SCHUFA diesen Eintrag sperren muss, da es sich um eine nachweislich bestrittene Forderung handelt und so keine Informationen dazu bis zu einer gerichtlichen Entscheidung an Dritte weitergegeben werden dürfen.

- Verlangen Sie weiterhin eine Bestätigung dieser Sperrung!

- Berufen Sie sich auf folgendes Urteil dazu: **Urteil vom 14.12.2006 - I-10 U 69/06**, in welchem die Speicherung und Weitergabe von bestrittenen Forderungen an Dritte bzw. die Eintragung dieser Daten in die SCHUFA untersagt.

- Weiter sollten Sie aufführen, dass die nach dem Bundesdatenschutzgesetz gesetzlich gebotene **Interessenabwägung** zu Ihren Gunsten offenbar nicht statt gefunden hat.

Im Umgang mit der SCHUFA und um sich einen Überblick zu verschaffen, empfehlen wir regelmäßig (zumindest einmal im Jahr) die Einträge zu überprüfen. Das können Sie, indem Sie eine **Selbstauskunft** bei der SCHUFA beantragen. Diese kostet 7,80 €.

Ist Ihre Schuld also berechtigt, so wird diese in die SCHUFA eingetragen und etwa in 3 bis 4 Wochen nach der Rechtskraft des Vollstreckungsbescheides kann der Gerichtsvollzieher vor Ihrer Tür stehen.

Der Gerichtsvollzieher – eine Chance für Schuldner und Gläubiger?

Von vielen Menschen wird der Gerichtsvollzieher noch immer als eine Art Schuldeneintreiber des Mittelalters angesehen. Nicht selten wird sein Erscheinen mit Angst vor der sofortigen Pfändung und dem Offenkundigwerden der Zahlungsunfähigkeit gleich gesetzt. Unmerklich jedoch von der Öffentlichkeit hat sich das Bild des Gerichtsvollziehers entscheidend verändert. Grundlage dafür sind diverse Gesetzesänderungen, besonders seit 2004.

Der Gerichtsvollzieher stellt in der heutigen Zeit mehr einen **Vermittler zwischen dem Schuldner und dem Gläubiger** dar, wobei die Anforderungen an die Persönlichkeit des Beamten in den letzten Jahren stark gestiegen sind. So arbeiten Gerichtsvollzieher zunehmend in sozialen Brennpunkten, wobei sie gleichzeitig Funktionen wie Berater und Therapeut abdecken. Viel zu selten wird der Drahtseilakt, den die Beamten jeden Tag zu vollbringen haben, in der Öffentlichkeit entsprechend gewürdigt.

In der Praxis weisen sie dem Schuldner legale Wege auf, durch welche sie dem gefürchteten Offenbarungseid (heute die eidesstattliche Versicherung) ausweichen können. Nicht selten bedanken sich im Nachhinein ehemalige Klienten ausgerechnet beim Gerichtsvollzieher dafür, dass sie einen Weg aus den Schulden gefunden haben.

Der richtige Umgang mit dem Gerichtsvollzieher

In der Regel haben Schuldner Angst vor dem Gerichtsvollzieher, welche aus sehr viel Unkenntnis im Umgang mit den Beamten geboren wird. Gefördert wird das schlechte Bild des Gerichtsvollziehers durch einige unverantwortliche Autoren, die bewusst mit den Ängsten von Schuldnern spielen und durch fragwürdige Ratschläge ihre Absatzzahlen erhöhen wollen. Was diese Verfasser nicht bedenken, aus Furcht können unangebrachte oder gar gefährliche Reaktionen entstehen.

Tatsache ist jedoch, dass heute niemand mehr ängstliche Bedenken haben muss, wenn der Gerichtsvollzieher sich ankündigt. Der Beamte hat keinerlei persönlichen Vorteile dadurch, dass er eine Pfändung durchführt und er hat auch nichts gegen den Schuldner. Es ist eben ein Beruf wie jeder andere, welcher leider durch massive Unwissenheit mit einem negativen Image behaftet ist. Sicher ist der Beamte mit umfangreichen Vollmachten durch den Staat ausgestattet, doch strenge gesetzliche Vorschriften regeln die genaue Vorgehensweise des Gerichtsvollziehers und wir werden im Verlauf des Kapitels näher darauf eingehen.

Falls Sie bereits ein Schreiben von Ihrem zuständigen Beamten vorliegen haben, so beherzigen bitte folgende Ratschläge im Umgang mit dem Gerichtsvollzieher:

> ➤ Als erstes sollten Sie sich darüber bewusst sein, dass man die **Schulden bezahlen muss**

und es wird nur umso teurer je länger Sie damit wartet.

> Beherzigen Sie auch folgendes: Die Schulden sind da und **Sie sind dafür verantwortlich**, egal, welche Ursachen Ihre momentane Geldnot oder diese Schulden haben. Es nutzt niemanden etwas, sollten Sie den Gerichtsvollzieher für Ihre Schulden verantwortlich machen wollen. Er übt nur seinen Beruf aus. Letztlich kann er Ihnen helfen oder Ihnen einen Menge Ärger verursachen, wenn Sie aggressiv oder beleidigend ihm gegenüber reagieren.

> Bleiben Sie **ruhig**. Das erste Schreiben oder der erste Besuch des Gerichtsvollziehers dient einer **sondierenden Kontaktaufnahme**. Zum einen möchte der Beamte von Ihnen erfahren, wie er Sie erreichen kann und um Ihre Bereitschaft und Ihre Möglichkeiten, die Schuld zu bezahlen.

> Bitte denken Sie daran, dass Sie **sachlich** und **korrekt** bleiben. Handeln Sie nach dem Motto: Wie man in den Wald hineinruft, so schallt es heraus. Dieses Sprichwort beinhaltet viel Wahres. Sind Sie freundlich und entgegenkommend, dann können Sie damit rechnen, dass der Beamte es auch ist.

> Legen Sie die **relevanten Unterlagen** zurecht, wie Einkommensnachweise, alles zu dem

Verfahren einschließlich eventuell geleisteter Zahlungen.

> Lassen Sie den Gerichtsvollzieher die **Wohnung betreten** bzw. bitten Sie ihn herein. Alles andere wirkt verheimlichend, unglaubwürdig oder ablehnend. Falls Sie grade eine Grippeepidemie Ihrer Kinder haben und alles unordentlich aussieht, dann sagen Sie dies dem Beamten. Er kann selbst entscheiden, ob er sich dem aussetzen möchte oder an einem anderen Tag wiederkommt. **Aufgepasst!** Sie haben allerdings auch das Recht, dem Gerichtsvollzieher den **Zutritt zu Ihrer Wohnung zu verweigern**. Das ist zwar wenig sinnvoll, denn es hat nur aufschiebende Wirkung. Der Beamte kommt mit der Polizei, dem Schlüsseldienst und einem richterlichen Beschluss zurück, der es ihm erlaubt, Ihre Wohnung öffnen zu lassen. Das verursacht wieder Mehrkosten für Sie, die nicht sein müssen. Außerdem belasten Sie den Kontakt zu dem Gerichtsvollzieher. Und wer weiß, ob er nicht wieder einmal für Sie zuständig ist.

> **Seien Sie ehrlich**. Gerichtsvollzieher haben viel Verständnis für Ihre Situation, doch sie sind auch erfahren genug, um Lügen zu erkennen. Der Beamte weiß um die vielfältigen, möglichen Ursachen von finanziellen Problemen, also brauchen Sie sich nicht zu schämen. Den Gerichtsvollzieher zu belügen bringt nichts, allerdings kann man zu manchen Dingen schweigen. Worüber Sie besser nicht

reden und worauf Sie wahrheitsgemäß Auskunft erteilen müssen, stellen wir ebenfalls im weiteren Verlauf des Kapitels dar.

> Betrachten Sie **nicht** den Gerichtsvollzieher als eine Art **Feindbild**. Immer wieder begegnen uns im Internet Äußerungen wie Raubritter oder Söldner. Denken Sie daran, dass der Beamte nur seinen Job macht. Er kann nichts dafür, wie Ihre Schulden oder der Vollstreckungsbescheid entstanden sind. Er nimmt Ihnen auch nicht alles weg. Die Liste unpfändbarer Dinge stellen wir Ihnen noch vor.

> Wenn Sie irgendwelche **Fragen** haben, dann stellen Sie diese dem Gerichtsvollzieher. Er wird Ihnen gern Auskunft geben.

> Vermeiden Sie alles, was nach **Bestechung** aussehen könnte. Sind Sie unsicher, ob ein Tee bei eiskaltem Wetter von dem Beamten als solche betrachtet wird, dann fragen Sie ihn direkt.

Zusammengefasst raten wir Ihnen, gestalten Sie Ihr Gespräch mit dem Gerichtsvollzieher **kooperativ, freundlich, offen und ehrlich**. Bereiten Sie den Besuch bzw. das Gespräch mit dem Beamten vor, indem Sie **alle notwendigen Unterlagen** in einem Ordner griffbereit haben. So etwas verkürzt den Besuch und kommt dem Gerichtsvollzieher entgegen. Haben Sie in der Zwischenzeit weiter mit dem Gläubiger korrespondiert, dann gehört dies auch in den Ordner.

Welche Aufgaben hat ein Gerichtsvollzieher

Da der Gerichtsvollzieher sowohl für den Gläubiger als auch für den Schuldner zuständig ist, ist das Aufgabengebiet entsprechend weit gefächert.

Nach der Definition im § 154 des Gerichtsverfassungsgesetzes (GVG) ist der Gerichtsvollzieher ein Beamter, der mit Zustellungen, Ladungen und Vollstreckungen betraut ist.

Die Befugnisse und Aufgaben von Gerichtsvollziehern sind einheitlich in der Gerichtsvollzieherordnung (GVO) geregelt und gesetzlich durch das BGH und die ZPO u.a. genehmigt.

Daneben beschreibt die Geschäftsanweisung für Gerichtsvollzieher (GAGV) im Einzelnen, wie der Beamte seine Tätigkeit auszuüben hat. Diese Vorschrift ist jedoch reine Verwaltungsvorschrift. Ein Verstoß dagegen stellt eine Amtspflichtverletzung dar, die unter Umständen einen Amtshaftungsanspruch begründen kann.

Die wichtigste und bekannteste Aufgabe des Gerichtsvollziehers ist die **Zwangsvollstreckung**, sofern das Vollstreckungsgericht dafür nicht zuständig ist (§ 753 Zivilprozessordnung, ZPO). Auf die näheren Einzelheiten gehen wir später in diesem Abschnitt ein.

Zu den weiteren Aufgaben des Gerichtsvollziehers zählen:

- **Abnahme der eidesstattlichen Versicherung** vor Ort (z.B. in der Wohnung des Schuldners)

- **Zustellung im Parteibetrieb** (§§ 191 ff. ZPO)

- **Aufnahme von Wechsel- und Scheckprotesten** (Art. 79 Absatz 1 Wechselgesetz; Art.55 Absatz 3 Scheckgesetz)

- **Verwertung der gepfändeten Sachen durch öffentliche Versteigerung** (§§ 814 ff. ZPO)

- **Durchführung der Zwangsvollstreckung bei der Herausgabe von Grundstücken und Schiffen** gemäß § 885 ZPO

- **Räumungen von Wohnraum, gewerblichen Räumen und Grundstücken**

- **Durchführung der Vorpfändung**

- **die Vollstreckung der Herausgabe von Sachen und Personen**

- **die Vollziehung von Arresten und einstweiligen Verfügungen**

- **Zustellung von Titeln, Urkunden und sonstigen Schriftstücken.**

Die gesetzlichen Grundlagen der Tätigkeit eines Gerichtsvollziehers

Es gibt Bücher und Internetseiten, welche die Handlungen von Gerichtsvollziehern in Frage stellen. Manch einer tut dies sachlich, bei anderen ist eine unterschwellige Aggression spürbar. Doch alle haben eins gemeinsam. Sie weisen auf eine winzige Grauzone hin, die der Gesetzgeber nicht unmissverständlich geregelt hat.

Dabei handelt es sich um die **eindeutige Abgrenzung zu dem judikativen und exekutiven Bereichen** der Staatsorgane. Unter judikativ ist die Gerichtsbarkeit zu verstehen und unter exekutiv die ausführenden Organe.

In gewisser Hinsicht agiert der Gerichtsvollzieher auf beiden Gebieten, was aber durch Gesetze wie das **BGB, die ZPO und das GVG** legitimiert sind. Darum dürfte eine Disskusion über die Legalität der Handlungen von Gerichtsvollziehern eher Theorie bleiben, als tatsächlich eine Wirksamkeit vor Gericht zu zeigen und ein Schuldnerverfahren aufzuhalten.

Einige Schuldner stellen im Internet die Behauptung auf, dass der Gerichtsvollzieher seine Macht missbrauchen würde oder überschreiten würde, indem er seine Tätigkeit ausübt. Durch den Vollstreckungsbescheid sowie weitere gesetzliche Bestimmungen des BGBs, ZPO und GVG erhält aber der Beamte im vollen Umfang seine Handlungsbefähigung.

Bei der Durchführung seiner Dienstgeschäfte ist der Gerichtsvollzieher an die Geschäftsanweisung für Gerichtsvollzieher (**GVGA**) gebunden, bei schuldhaftem Verstoß liegt eine Amtspflichtverletzung vor. Die Dienst- und Geschäftsverhältnisse der Gerichtsvollzieher sind durch die **GVO**, landesrechtlichen Gerichtsvollzieherordnungen, geregelt.

Einen direkten Vorgesetzten wie bei anderen Beamten gibt es in diesem Sinne nicht. **Beschwerden** sind an das jeweilige **Amtsgericht** zu richten bzw. an zuständige **Finanzdirektion**.

Der Gerichtsvollzieher untersteht grundsätzlich der **Dienstaufsicht des Gerichts**. Doch bitte überlegen Sie genau, ob Sie diesen Schritt einer Beschwerde für tatsächlich notwendig erachten und tatsächlich ein Fehlverhalten vorgelegen hat. Auch Gerichtsvollzieher sind nur Menschen in einem harten und anstrengenden Beruf. Und diese Menschen können auch mal einen schlechten Tag haben. Gefällt Ihnen etwas an dem Verhalten des Beamten nicht, dann sprechen Sie ihn direkt darauf an.

Ein konkretes **Fehlverhalten**, welches sofort zu melden ist, sind **sexuelle Belästigungen, Beleidigungen und Nötigungen**. Und fürchten Sie sich in solch einem Fall nicht vor diesem Schritt. Zu Ihnen kommt niemand mit einer uneingeschränkten Macht, sondern ein Beamter, der auch Gesetzen unterworfen ist. Mit Einreichen der Beschwerde wird Ihnen sowieso ein anderer Gerichtsvollzieher zugeteilt.

Was darf ein Gerichtsvollzieher nicht?

Im Zusammenhang mit dem Gerichtsvollzieher besteht eine große Unsicherheit in der Öffentlichkeit darüber, was dieser eigentlich **nicht** darf.

> Zum Beispiel müssen Sie ohne richterlichen Beschluss den Gerichtsvollzieher **nicht in die Wohnung** lassen.

> Eine **Durchsuchung der Wohnung** darf der Gerichtsvollzieher nur auf der Grundlage eines gerichtlichen Beschlusses vornehmen. Diesen muss er vorweisen. Wer aber nichts zu verbergen hat, der sollte die Besichtigung zulassen auch ohne Durchsuchungsbefehl.

> **Ohne Legitimation und den entsprechenden Beschluss** brauchen Sie mit dem Gerichtsvollzieher nicht reden und ihm keine Zahlung zu leisten. Grundsätzlich muss sich der Gerichtsvollzieher bei Ihnen ausweisen und Ihnen als Vollmacht das Schriftstück vorlegen, auf Grund dessen er tätig geworden ist.

> **Räume von Dritten** wie Ihres Lebenspartners oder Ihrer Kinder darf der Gerichtsvollzieher nicht betreten.

> **Die Bankverbindung und die Arbeitsstelle** darf der Beamte nur im Zusammenhang mit der eidesstattlichen Versicherung erfragen. Sonst brauchen Sie darüber keine Auskunft geben.

> **Bargeld** darf nur gepfändet werden, wenn es den Pfändungsfreibetrag übersteigt. Der Gerichtsvollzieher ist verpflichtet, Ihnen die Pfändungsgrenzen vorzurechnen und muss Ihnen eine Quittung über den einbehaltenen Betrag ausstellen. Deckt das gepfändete Geld den Schuldbetrag, so muss der Beamte Ihnen den entwerteten Schuldtitel aushändigen.

> Der Gerichtsvollzieher darf nichts **über den Wert der Schuld** pfänden. Das heißt also, der Beamte darf nicht wie wild seine Aufkleber in Ihrer Wohnung oder auf Wertgegenständen verteilen. Deckt ein Gegenstand die Schuld, dann reicht hier das Siegel völlig aus.

> Der § 155 GVG setzt dem Gerichtsvollzieher aber auch Grenzen, wenn er in einem **verwandtschaftlichen oder selbst betroffenen Verhältnis** zu einer der jeweiligen Parteien steht. In diesem Fall darf der Gerichtsvollzieher **nicht tätig** werden und das Amtsgericht bestimmt einen anderen Gerichtsvollzieher.

An Hand dieser Verordnungen und Bemerkungen können Sie sehen, dass der zu Ihnen kommende Beamte nicht allmächtig ist. Sie haben durchaus die Möglichkeit, einige Dinge der Person zu verweigern. Die Frage ist nur, wie sinnvoll solche Aktionen sind. Deshalb wägen Sie genau ab, was Sie tun wollen.

Möglichkeiten in der Vermittlung zwischen Gläubiger und Schuldner

Schon **§ 806b ZPO** sagt viel darüber aus, wie der Gerichtsvollzieher die Vollstreckungsangelegenheit für Schuldner und Gläubiger regeln sollte, nämlich **zügig und gütlich**. Da der Beamte für beide Parteien tätig ist, kommt es meistens automatisch zu einer Vermittlung zwischen Gläubiger und Schuldner. Hier einige Beispiele für die positive Vermittlung zwischen Ihnen als Schuldner und dem Gläubiger:

- ❖ Angenommen, der Gläubiger wehrt Gespräche mit Ihnen ab und besteht auf einer eidesstattlichen Versicherung, dann kann hier der Gerichtsvollzieher durch ein **Telefonat** helfen, indem er Ihre Situation dem Gläubiger schildert und so eine gemeinsame Lösung findet.

- ❖ Der Beamte kann Ihnen eine **Ratenzahlung** für die Schuld anbieten, sollte es Ihnen nicht möglich sein, die Schuld in einer Summe zu bezahlen.

- ❖ Können Sie nur eine Einmalzahlung leisten, dann hilft Ihnen der Gerichtsvollzieher bei einem **Vergleich** mit dem Gläubiger.

- ❖ Andererseits bemüht sich der Beamte, dass der Gläubiger sein **Geld im Rahmen der Möglichkeiten** des Schuldners erhält. Auch hier vermittelt er zwischen dem Gläubiger und dem Schuldner.

Die Pfändung

Kann der Anspruch des Gläubigers nicht durch Bargeld befriedigt werden, dann kommt es zu einer Pfändung. Diese beruht auf den **§§ 803 bis 863 ZPO**. Häufig entstehen genau an diesem Punkt die meisten Fragen für Sie als Schuldner.

Grundsätzlich wird die Pfändung durch den Gerichtsvollzieher vorgenommen auf Grund des Vollstreckungsbescheides. Schon **§ 806b ZPO** sagt viel darüber aus, wie der Gerichtsvollzieher die Vollstreckungsangelegenheit für Schuldner und Gläubiger regeln sollte, nämlich **zügig und gütlich**. Da der Beamte für beide Parteien tätig ist, kommt es meistens automatisch zu einer Vermittlung zwischen Gläubiger und Schuldner. Hier einige Beispiele für die positive Vermittlung zwischen Ihnen als Schuldner und dem Gläubiger:

❖ Angenommen, der Gläubiger wehrt Gespräche mit Ihnen ab und besteht auf einer eidesstattlichen Versicherung, dann kann hier der Gerichtsvollzieher durch ein **Telefonat** helfen, indem er Ihre Situation dem Gläubiger schildert und so eine gemeinsame Lösung findet.

❖ Der Beamte kann Ihnen eine **Ratenzahlung** für die Schuld anbieten, sollte es Ihnen nicht möglich sein, die Schuld in einer Summe zu bezahlen.

❖ Können Sie nur eine Einmalzahlung leisten, dann hilft Ihnen der Gerichtsvollzieher bei einem **Vergleich** mit dem Gläubiger.

❖ Andererseits bemüht sich der Beamte, dass der Gläubiger sein **Geld im Rahmen der Möglichkeiten** des Schuldners erhält. Auch hier vermittelt er zwischen dem Gläubiger und dem Schuldner.

Wissenswertes zur Pfändung

Die Pfändung ist die bekannteste und gleichzeitig die am meisten gefürchtete Form der Zwangsvollstreckung. Sicher gehen Ihnen bei dem Begriff „Pfändung" automatisch Schreckensbilder durch den Kopf. Nicht selten haben unerfahrene Schuldner Vorstellungen von einem wild herumklebenden oder alles mitschleppenden Gerichtsvollzieher, bis die ganze Wohnung leer ist. Davor müssen Sie keine Angst haben. Es gibt **Pfändungsgrenzen** und einen **Pfändungsschutz**. Zum besseren Verständnis für Sie haben wir einen umfassenden Abschnitt zu dem Thema Pfändung vorbereitet.

Kann also der Anspruch des Gläubigers nicht durch Bargeld befriedigt werden, dann kommt es zu einer Pfändung. Diese beruht auf den **§§ 803 bis 863 ZPO**. Häufig entstehen genau an diesem Punkt die meisten Fragen für Sie als Schuldner.

Wir haben nun einige Hinweise für Sie zusammen gestellt, die Ihnen helfen, einen groben Überblick über alles Wissenswertes bei einer Pfändung zu erhalten.

❖ Grundsätzlich wird die Pfändung durch den Gerichtsvollzieher vorgenommen auf **Grund des Vollstreckungsbescheides und des Antrages auf Pfändung des Gläubigers**.

❖ In bestimmten Fällen können Sie **Pfändungsschutz** beantragen. Fragen Sie dazu bei dem beauftragten Beamten oder bei dem für Sie zuständigen Amtsgericht nach. Man wird Sie umfassend beraten.

❖ Gepfändet wird nur, was als **Vermögenswert** gilt bzw. über den **Pfändungsfreigrenzen** liegt.

❖ Gegenstände, **die anderen Personen**, wie beispielsweise den Kindern, **gehören**, dürfen nicht gepfändet werden.

❖ Ist für den Gerichtsvollzieher nicht ersichtlich, dass diese Gegenstände geliehen oder einer anderen Person im Haushalt gehören, kann es vorkommen, dass diese trotzdem gepfändet werden. Hier muss unbedingt und schnell eine **Drittwiderspruchsklage** durch die Person bei dem Amtsgericht eingereicht werden, welcher der gepfändete Gegenstand gehört. Dies ist kostenlos möglich bei der Rechtshilfe des Amtsgerichts.

❖ Es kann durch den Gerichtsvollzieher eine **Unpfändbarkeitsbescheinigung nach § 63 GVGA** ausgestellt werden. Das ist der Fall, wenn Sie bereits eine eidesstattliche Versicherung abgegeben haben und eine Pfändung demnach ohne Erfolg wäre.

❖ Gegenstände die zur Führung eines Haushaltes gehören, sind **unpfändbar**. **Ausnahmen** sind aber Sachen, welche vom Gläubiger erworben wurden und die Schuldsache betreffen. Haben Sie zum Beispiel eine Waschmaschine bei einem Versandhaus bestellt und konnten diese nicht bezahlen, dann kann der Gerichtsvollzieher diese Waschmaschine pfänden, obwohl sie zur Führung des Haushaltes benötigt wird. Hier geht es um den **Eigentumsvorbehalt des Gläubigers** bis zur endgültigen Bezahlung.

❖ Durch ein **Wiedereinsetzungsverfahren** oder eine **Einigung zwischen Schuldner und Gläubiger** kann die Pfändung ausgesetzt werden. Sie haben es zu jeder Zeit selbst in der Hand, ob die Pfändung vorangetrieben wird.

❖ Erfahrungswerte zeigen, dass zu **99 % der Gläubiger jeder Zeit an einer Einigung** mit dem Schuldner interessiert sind. Ein wesentlicher Aspekt, der hier eine Rolle spielt, ist sicherlich auch, dass der Gläubiger für alle entstehenden Kosten einer

Zwangsvollstreckung erst einmal in Vorhand treten muss, also diese auslegen muss.

❖ Interessant ist vielleicht dieses Urteil zu dem § 850c ZPO über die Pfändungsgrenzen von Arbeitseinkommen: **BGH, 05.04.2005 - VII ZB 28/05.** Dabei geht es darum, dass die Pfändung nicht nach festen Berechnungsgrößen, also der Tabelle für Pfändungsfreigrenzen, zu erfolgen hat, sondern erst nach **Einbeziehung aller wesentlichen Umstände** des Schuldners. Das bedeutet, es muss auf die individuelle Lage des Schuldners durch das Vollstreckungsgericht eingegangen werden. (im Anschluß an BGH, Beschluß vom 21. Dezember 2004 - IXa ZB 142/ 04, FamRZ 2005, 438 = Rpfleger 2005, 201). Das können Sie durch eine **sofortige Beschwerde** am Amtsgericht erreichen.

❖ Die **Pfändungsfreigrenze** wird auf Antrag des Schuldners **erhöht**, wenn er ansonsten den notwendigen Lebensunterhalt nicht sicherstellen kann wie zum Beispiel bei mehr als fünf unterhaltspflichtige Personen, Mehrkosten durch Behinderungen oder andere Gründe vorliegen. Dieser Antrag wird bei dem für Sie zuständigen Amtsgericht gestellt.

❖ **Urlaubsgeld** ist gar nicht pfändbar.

❖ **Überstunden** dürfen nur zu 50 % angerechnet werden auf Pfändungsfreigrenze.

❖ **Weihnachtsgeld** ist nur zur Hälfte des Arbeitseinkommens anzurechnen.

❖ **Sozialleistungen** sind grundsätzlich unpfändbar, da sie das Existenzminimum abdecken.

❖ Das **Überpfändungsverbot** untersagt bei der Zwangsvollstreckung in beweglichen Gegenständen, die Zwangsvollstreckung weiter auszudehnen, als es zur Befriedigung des Gläubigers und zur Deckung der Kosten der Zwangsvollstreckung erforderlich ist (§ 803 Abs. 1 S. 2 ZPO). Es gilt aber im Zwangsversteigerungsverfahren für Häuser und Grundstücke nicht.

(Quelle: wikipedia, ZPO und justiz-online.de)

Das sieht doch gar nicht so schlimm aus. Nun werden wir den Ablauf einer Pfändung näher betrachten.

Ablauf einer Pfändung beweglicher Gegenstände

Allem geht erst einmal voraus, dass ein Ihr Gläubiger einen vollstreckbaren Titel gegen Sie erworben hat. Die Gründe für die Schulden spielen nun keine Rolle mehr, Sie werden diese Schuld bezahlen müssen.

Können Sie dies nicht, dann kommt der Gerichtsvollzieher auf **Grundlage des**

Vollstreckungsbescheides und des Antrages auf Pfändung des Gläubigers zu Ihnen.

- Zunächst wird er versuchen Bargeld zu pfänden (**Taschenpfändung**).

- Ist kein Bargeld vorhanden, wird der Gerichtsvollzieher Ihre **Wohnung besichtigen** bzw. die Räumlichkeiten, welche Sie als Schuldner bewohnen. Meistens sehen die Beamten schon bei einer groben Besichtigung, ob es sich lohnt, in den Schränken nach Wertsachen nachzuschauen. Keine Sorge, der Beamte will nicht in Ihrer Spitzenunterwäsche wühlen oder dass es nach der **Durchsuchung** möglicherweise aussieht wie nach einem Einbruch in einem Kriminalfilm. Normalerweise fragt der Gerichtsvollzieher Sie nur, ob Sie irgendwelche Wertsachen haben.

- Findet der Beamte Wertdinge, dann wird er diese begutachten, um den **Wert zu ermitteln**. Schließlich müssen bei dem Erlös auch die weiter entstandenen Kosten herauskommen. Sollte dies nicht der Fall sein, dann wird der Gerichtsvollzieher auf die Pfändung verzichten. Damit dürfte das Pfänden nur wenige Sachen betreffen, die den vollen Umfang aller Kosten abdecken.

- Haben Sie **Versicherungsunterlagen** zu eventuell vorhandenen Wertobjekten, legen Sie diese dem Gerichtsvollzieher vor und sparen sich so die Schätzkosten durch einen Gutachter.

> Findet der Gerichtsvollzieher solche Gegenstände, versieht er sie mit seinem **Siegel**, einem Papieraufkleber, bekannt auch als „Kuckuck". Das Siegel dürfen Sie nicht entfernen. Leichte Dinge wie Schmuck von Wert oder eine Sammlung nimmt er gleich mit. Schwere Gegenstände lässt er einige Tage später durch eine beauftragte Spedition abholen. Die Kosten dafür haben Sie zu tragen. Während dieser Zeit dürfen Sie die Gegenstände wie einen Plasmafernseher normal **weiterbenutzen**, aber Sie können den Fernseher nicht veräußern oder wegbringen. Ein Auto darf normalerweise nicht mehr benutzt werden, denn das Risiko eines Unfalls ist zu groß.

> Nachdem der Gerichtsvollzieher die Wertsachen abgeholt hat, werden diese nach einer gewissen Zeit **öffentlich versteigert**. Der Gerichtsvollzieher informiert Sie über den Termin der Versteigerung. Bis dahin haben Sie immer noch die Möglichkeit, den gepfändeten Gegenstand auszulösen.

> Der **Erlös aus der Versteigerung** wird auf die komplette Schuld angerechnet. Gibt es mehrere Gläubiger, dann wird der Erlös zwischen diesen geteilt. Übersteigt der Erlös die Schuld, dann erhält der Schuldner nach Abzug aller Kosten das restliche Geld.

> Nach der Versteigerung erhalten Sie den **entwerteten Titel** wie eine **Abrechnung**.

Das ist eine sehr einfache Darstellung der Pfändung von Gegenständen. Natürlich unterscheidet sich diese Art der Pfändung von der Pfändung in Bezug auf Konten oder Immobilien.

Was darf gepfändet werden

Die Liste der Gegenstände, die gepfändet werden darf, ist relativ kurz. Das hängt zum einen damit zusammen, dass der **Wert der Gegenstände meistens nicht die Schuldsumme abdeckt**, was aber vom Gesetzgeber vorgeschrieben ist. Andererseits haben die meisten Schuldner schon gar keine Wertgegenstände mehr, sondern nur noch **Gebrauchgegenstände**, welche aber nicht gepfändet werden dürfen.

Also beschränken sich die pfändbaren Dinge auf **Luxusgüter** und **Vermögenswerte**. Da können unter anderem folgende Dinge ein:

> **Zweitwagen** – hier ist der Wert egal, es wird davon ausgegangen, dass eine Familie bzw. ein Schuldner nur ein KFZ benötigt für den Weg zur Arbeit.

> **KFZ über einem Zeitwert von 4.700 EUR** – dieser Wert liegt der Liste von Vermögensgegenständen bei der Berechnung

von Hartz IV zu Grunde. Dazu muss das KFZ für den Weg zur Arbeit genutzt werden. Hier kann der **Gerichtsvollzieher individuell** nach den vorliegenden Umständen des Schuldners entscheiden, ob das KFZ gepfändet wird. Dabei spielt es auch eine Rolle, ob beispielsweise behinderte Kinder zum Haushalt gehören, deren Versorgung von dem KFZ abhängig ist. Das KFZ darf nicht mehr benutzt werden, nachdem der Beamte es gepfändet hat. Einige Zeit später wird es abgeholt. Die dabei entstehenden Kosten gehen zu Ihren Lasten als Schuldner.

> **Wertvoller Schmuck** – dabei ist der ideelle Wert nicht gleichbedeutend mit dem materiellen Wert. Hier geht es rein um den Materialwert. Dieser wird von dem Gerichtsvollzieher eingeschätzt und bei entsprechendem Wert gleich mitgenommen.

> Theoretisch könnten Vorräte, die über 4 Wochen reichen, gepfändet werden. Das betrifft **Lebensmittel** ebenso wie **Heizöl**. In der Praxis wird das aber nicht getan, einerseits sind solche Güter schlechter zu versteigern und auf der anderen Seite ist es fraglich, ob sich dafür jemand als Bieter interessiert.

> **Kunstgegenstände** haben meistens eine Versicherungspolice, aus der sich der Wert des jeweiligen Gegenstandes ergibt. Gleichzeitig ist ein Markt von Kunstliebhabern vorhanden, was somit bei einer Versteigerung einen

Absatzmarkt und hohe Erlöse garantiert. Darum werden Kunstgegenstände gern von Gerichtsvollziehern gepfändet.

- **Sammlungen jeder Art** können ebenfalls einen gewissen Wert haben. Darunter zählen Münzen, Uhren, Briefmarken. Hier verschafft sich der Beamte einen Überblick und schätzt eventuell mit Hilfe eines Sachverständigen den Wert ein.

- **Antiquitäten** werden nur bei entsprechendem Wert gepfändet. Hier fallen auch Stilmöbel, Bilder, Nippes oder antike Porzellane darunter.

- **Bücher** sind meistens uninteressant für den Beamten. Zum einen weil sie zur Berufs- oder Glaubensausübung genutzt werden und damit automatisch unpfändbar sind. Zum anderen gibt es nur einen sehr kleinen Markt für gebrauchte Bücher. Solange Sie keine signierten Erstausgabensammlung oder Bücher aus vergangenen Jahrhunderten mit Goldeinlegearbeiten auf den Schweinsledereinbänden haben, brauchen Sie eine Pfändung Ihrer Bücherregale nicht zu fürchten.

- Ein **PC** muss einen Zeitwert von **300 EUR** übersteigen, um für eine Pfändung in Betracht zu kommen. Wird der PC für die Berufsausübung oder Arbeitssuche benötigt, dann wird der PC nicht gepfändet.

> Dazu gehören auch **Anlagen aller Art** wie beispielsweise DVD –Anlagen, Stereoanlagen, Surroundanlagen, HiFi-Anlangen, wenn sie 300 EUR übersteigen.

> Als **Vermögen** gilt alles oberhalb der Pfändungsgrenze.

> **Aktien**, **Fonds**, **Lebensversicherungen,** Sparguthaben, Bausparverträge, Mietkautionen und andere Guthaben jeglicher Art gelten ab einem Wiederverkaufswert von mehr als 10 % als Vermögen und können, soweit sie nicht zur Absicherung der Rente gedacht sind, gepfändet werden.

> **Teure Fernsehgeräte oder Haushaltsgeräte** können im Rahmen einer **Austauschpfändung** von dem Beamten mitgenommen werden.

Austauschpfändung

Eine Austauschpfändung findet immer dann statt, wenn ein Gegenstand zwar für den Gebrauch vorgesehen ist und somit unpfändbar wäre, aber einen höheren Wert besitzt (meist ab einem Preis von 300 EUR). Dann wird der Gegenstand gepfändet und durch ein günstigeres Gerät oder einem entsprechenden Geldbetrag ersetzt. Die Rechtsgrundlage ist hierfür die **§§ 811a und 811b ZPO**.

Dies betrifft hauptsächlich teure PCs, Anlagen, KFZs und Fernseher. Der Differenzbetrag wird dem Gläubiger überwiesen. Eine Austauschpfändung wird nur auf die durch den Gläubiger **beantragte Zustimmung des Vollstreckungsgericht** vorgenommen. Ist die Zustimmung zu erwarten, dann kann eine vorläufige Austauschpfändung vorgenommen werden.

Liste unpfändbarer Gegenstände

Immer wieder tauchen in Internetforen hauptsächlich (zu etwa 65 %) Fragen zu den unpfändbaren Sachen auf. Pauschal kann gesagt werden, alles, was **zur bescheidenen Lebensführung und der Ausübung des Berufes benötigt** wird, ist unpfändbar. Als bescheidene Lebensführung wird von den meisten Gerichten Hartz IV oder die Sozialhilfe zu Grunde gelegt. Dabei muss der Gerichtsvollzieher aber auch die jeweiligen Lebensumstände des Schuldners berücksichtigen. Das heißt, die Entscheidung, was zu einer bescheidenen Lebensführung gehört, ist beispielsweise abhängig von der Familiengröße oder ob behinderte Menschen in dem Haushalt leben.

Der Gerichtsvollzieher wird also nicht willkürlich durch Ihre Wohnung laufen und alles mit seinem Siegel bekleben. In § 811 ZPO bezeichnet der Gesetzgeber die Gegenstände näher, die **nicht gepfändet** werden dürfen.

> ➢ Dinge, die Ihrem **persönlichen Gebrauch oder dem Haushalt dienenden Sachen** wie

Kleidungsstücke, Wäsche, Betten, Haushalts- und Küchengeräte.

> **Haustiere** sind unpfändbar.

> Sachen, die Sie zur **Ausübung Ihres Berufes** benötigen wie Werkzeuge, Maschinen, Berufsbekleidung, Bücher, PCs, Telefonanlagen, PKW, Werkstätten, Büros, usw.

> **Fernseher, Radio und PC** im bescheidenen Umfang. Ein Fernseher mit einem Zeitwert von über 500 EUR wird von vielen Gerichten nicht mehr als bescheiden angesehen. Dieser kann im Zuge der Austauschpfändung ersetzt werden.

> **Gartenhäuser, Wohnlauben und andere Einrichtungen**, die von dem Schuldner bzw. seiner Familie dauerhaft bewohnt werden; dazu zählen auch Wohnwagen.

> **Lebensmittel und Vorräte** zur Sicherung einer bescheidenen Lebens- und Haushaltsführung von etwa 4 Wochen. Dabei muss je nach Familiengröße und Behinderung unterschieden werden. Im Normalfall pfändet aber der Beamte nichts davon.

> Einen **Geldbetrag**, der zur Sicherung dieser Vorräte auf 4 Wochen dient, falls Sie keine Vorräte haben.

> Die notwendigen Mittel zur **Beheizung** Ihres Wohnraums für ebenfalls 4 Wochen sind unpfändbar.

> Bei **§ 811 Abs. 3 ZPO** gilt für die Landwirtschaft oder wenn Sie ein Gewerbe in diesem Bereich haben. Offene Fragen gibt es bei der Formulierung „**Kleintiere**". So wurden schon Haustiere gepfändet und mussten wieder herausgegeben werden. Doch wir können davon ausgehen, dass mit Kleintieren u. a. Geflügel wie beispielsweise Hühner oder Gänse gemeint sind. Ebenso fraglich ist der Begriff der „**beschränkten Zahl**". Das ist wieder eine Ermessensfrage des Gerichtsvollziehers. Genauer wird es bei größeren Tieren, wenn Sie diese für Ihre Ernährung oder als Hilfe in der Landwirtschaft benötigen. So stehen Ihnen **eine Milchkuh oder wahlweise zwei Schweine, Schafe oder Ziegen** zu. Hinzu kommt das notwendige **Futter und Streu** für 4 Wochen bzw. der erforderliche Geldbetrag dafür.

> Betreiben Sie eine Landwirtschaft, dann darf Ihnen nichts gepfändet werden, was Sie zur **Aufrechterhaltung Ihres Hofes oder Betriebes** benötigen. Dazu zählen das notwendige Gerät und Vieh, Dünger, Saat sowie Erzeugnisse, die Sie zur Sicherung des eignen Unterhalts, Ihrer Arbeitnehmer bzw. zur Weiterführung Ihrer Wirtschaft bis zur nächsten Ernte benötigen.

- Arbeiten Sie in einem landwirtschaftlichen Betrieb und erhalten Sie einen Teil Ihrer **Vergütung in Naturalien** wie Fleisch, Milcherzeugnisse usw., so müssen Sie nur nachweisen, dass diese Naturalien für Ihren Unterhalt bestimmt sind und somit sind diese unpfändbar.

- Allgemein kann gesagt werden, alles, was **zur Fortführung der Arbeit oder des Erwerbs benötigt wird, ist unpfändbar.** Der Gesetzgeber möchte zwar, dass die Schulden bezahlt werden, aber andererseits hat er keinerlei Interesse daran, dass Sie und Ihre Familie ihm als Sozialfall auf der Tasche liegen. Also stellt er sicher, dass Sie aus eigner Kraft weiter arbeiten bzw. leben können.

- **Dienstkleidung und Ausrüstungen** für die Ausübung Ihrer Arbeit, einschließlich aller dazu notwendigen Gegenstände sind ebenfalls pfändungsfrei.

- **Bücher** werden zwar selten gepfändet, aber es kann vorkommen, dass Sie beispielsweise im Besitz einer wertvollen Familienbibel sind. Diese möchten Sie sicher behalten und das können Sie auch. Denn Bücher, die zur Ausübung der Religion oder des Berufs wie der Ausbildung benötigt werden, sind unpfändbar.

- **Geschäfts- oder Haushaltsbücher**, die Sie nutzen, sowie **Familienpapiere** stellen eigentlich keine Werte dar, doch der

Gesetzgeber wollte sicher gehen und setzte diese Gegenstände ebenfalls auf die Liste unpfändbarer Dinge.

> Das betrifft gleichfalls **Trauringe, Orden und Ehrenabzeichen**.

> **Notwendige Hilfsmittel** wie zum Beispiel Brillen, Rollstühle, künstliche Gliedmaßen zählen auch zu den unpfändbaren Gegenständen, wenn sie in Gebrauch sind durch Sie als Schuldner oder Personen in Ihrem Haushalt.

> Gehören Sie der Vampirszene an und haben zu Hause einen Sarg oder andere Gegenstände, die man der Bestattung zuordnen könnte, dann keine Angst vor dem Pfändungssiegel. **Gegenstände, die zur unmittelbaren Verwendung für die Bestattung** bestimmt sind, dürfen nicht gepfändet werden. In Zeiten der Krise und Schulden ist es immer gut, wenn so etwas für den Notfall bereitsteht und wer weiß, wie schnell dieser eintritt. Außerdem, Betten dürfen nicht gepfändet werden.

Tipp: Der Gesetzgeber räumt mit dem § 811 ZPO dem Schuldner eine weitreichende Möglichkeit der Unpfändbarkeit seiner Gebrauchs- und Einrichtungsgegenstände ein. Was letztlich gepfändet wird, ist alles nur eine Frage Ihrer **Argumentation**.

Tipp: Überlegen Sie, ob es manchmal nicht besser ist, einen **Gegenstand pfänden** zu lassen oder vielleicht im **Vorfeld zu verkaufen**, um die Schulden endlich los zu werden.

Kontopfändung / Lohnpfändung

Außer der typischen Pfändung beweglicher bzw. körperlicher Gegenstände, erlangen langsam die Konto- und Lohnpfändungen eine zunehmend traurige Berühmtheit. Auch hiermit wird der Gerichtsvollzieher beauftragt. Dabei wird bis zu einer bestimmten **Pfändungsfreigrenze** das Gehalt bzw. das Guthaben auf dem Konto an den Gläubiger abgeführt.

Was für den Gläubiger eine relativ sichere Sache ist, um sein Geld einzutreiben, ist für Sie als Schuldner nervenaufreibend und mitunter sehr einschneidend, wenn Sie nicht um Ihre Rechte Bescheid wissen.

Normalerweise erfahren Sie als Letzter, dass eine Kontopfändung vorgenommen wurde. Das Schreiben des Gerichtsvollziehers zur Kontopfändung geht Ihnen meist einen Tag später zu, nachdem die Bank bereits das Konto gesperrt hat. Das ist ärgerlich, besonders wenn Sie nichts ahnend Ihre EC-Karte in den Geldautomaten stecken und diese einbehalten bleibt.

Sozialleistungen, die auf dieses Konto überwiesen werden, dürfen Sie innerhalb von **7 Werktagen** abheben. Dazu ist oft nicht einmal ein Nachweis notwendig, denn der Überweisungsträger zeigt ja den Verwendungszweck an. Anders verhält es sich mit Lohnzahlungen. Diese können nach **14 Tagen**

gepfändet werden, wenn Sie nicht bei Ihrem Amtsgericht einen **Freigabeantrag** in Höhe des Ihnen zustehenden Pfändungsfreibetrages beantragen. Wie so ein Schreiben aussieht, haben wir Ihnen vorbereitet. Es kann auch bei Kontopfändungen durch Behörden verwendet werden. Nur in diesem Fall stellen Sie den Antrag bei der entsprechenden Behörde.

Antrag auf Kontofreigabe gem. § 850k ZPO

Absender:

An: Amtsgericht oder Behörde ....

Pfändungsschutz für Gehaltskonto

Mein Konto Nr. ... bei der .....(Name der Bank) ist durch die Pfändungsbeschluss des Gläubigers...(Name oder Firma), vertreten durch Kanzlei (Anschrift und Telefonnummer) Pfändungs-Az.: **(ganz wichtig!)** gepfändet.

Ich beantrage hiermit:
1. die Pfändung in Höhe des unpfändbaren Anteils meiner laufenden Einkünfte gem. § 850 k ZPO aufzuheben,
2. die Auszahlung des anteiligen unpfändbaren Betrages in Höhe von ... € (Pfändungsfreibetrag) anzuordnen und die Vollstreckung einstweilen einzustellen.

Begründung
o (Möglichkeit1 – wenn Sie bereits eine Lohnpfändung haben) Wie der beiliegenden Lohnbescheinigung zu entnehmen ist, wird mein laufendes Einkommen bereits „an der Quelle" bei meinem Arbeitgeber, gepfändet, so dass ohnehin nur der unpfändbare Anteil in Höhe von derzeit ...EUR gemäß § 850 c ZPO auf meinem gepfändeten Konto gutgeschrieben wird. Meine Ehefrau ist hat keinerlei Einkommen, außerdem bin ich unterhaltspflichtig für ...(Anzahl) Kinder.

- (Möglichkeit 2 – es handelt sich um eine reine Kontopfändung) Für den laufenden Monat hat mir der unpfändbare Anteil für den Zeitraum zwischen Pfändungs- und nächstem Zahlungstermin zu verbleiben. Nach Mitteilung der Bank wurde ihr der Pfändungsbeschluss am ...(Datum) zugestellt. Mein Gehalt wird jeweils am 27./28. des Monats gezahlt. Daher beantrage ich, die Pfändung im laufenden Monat anteilig in Höhe von ...€ aufzuheben und mir als Existenzminimum umgehend auszuzahlen.

Ohne die sofortige Freigabe dieses anteiligen unpfändbaren Betrages kann ich Lebensunterhalt, Miete, Energie usw. nicht sicherstellen, da ich derzeit über keine weiteren Mittel mehr verfüge.

Bitte unterrichten Sie auch die Bank vorab telefonisch.

Ort, Datum   Unterschrift

Die **Lohnpfändung** wurde vor einigen Jahren noch hauptsächlich bei säumigen Unterhaltsschuldnern angewandt. Heute kann jeder Gläubiger mit dem Wissen um den Arbeitsplatz seines Schuldners und einem Vollstreckungsbescheid eine Lohnpfändung vornehmen.

Das ist nicht nur unangenehm, sondern kann auch in manchen Berufen zur Entlassung führen. Droht Ihnen eine Lohnpfändung oder Sie vermuten, dass es dazu kommen kann, dann **reden Sie mit Ihrem Arbeitgeber** bereits im Vorfeld. So ist dieser darauf vorbereitet und kann Ihnen vielleicht sogar helfen.

Manche Firmen sind großzügig und geben in solch einem Fall einen zinslosen Kredit, der direkt an den Gläubiger ausgezahlt wird. Für falsche Scham ist jetzt sowieso zu spät, also nehmen Sie so ein Angebot an.

Was zählt als Einkommen

Im Zusammenhang mit einer Pfändung treten immer wieder Fragen auf, welche Einkommen gepfändet werden dürfen. Hier ist es einfacherer, die Einkommen aufzuzählen, welche **nicht gepfändet** werden dürfen.

> **Sozialleistungen** wie Kindergeld, Pflegegeld, Kindergeldzuschuss, Arbeitslosengeld I und II (Hartz IV), Wohngeld, Unterhaltsvorschuss, Rente, Sozialhilfe,

> **Arbeitseinkommen** bis zur Höhe der Pfändungsfreigrenzen,

> **Lehrgeld** bis zu der Höhe der Pfändungsfreigrenzen,

> **BAFöG,** Ausbildungsbeihilfen wie **BAB**

> **Kranken- und Mutterschaftsgeld**

> **Elterngeld,**

> Summen aus der **Lebensversicherung** sind nach § 850b Abs. 1 Nr. 4 geschützt, wenn sie nicht **4.140 EUR** übersteigen,

> **Arbeitseinkommen freier Berufe** sind nach § 850 i ZPO bis zu den Pfändungsgrenzen geschützt,

- ➢ **Beihilfen im Öffentlichen Dienst** sind unpfändbar, da sie zweckgebunden sind,

Als **pfändbares Einkommen** zählen nun alle anderen Arten von einmaligen oder wiederkehrenden Leistungen wie:

- ➢ **Lohn- und Gehaltszahlungen**

- ➢ **Einkünfte aus selbständiger/ freiberuflicher Tätigkeit**

- ➢ **Zins- und Mieteinnahmen aus Vermögen**

- ➢ **Pensionen**

- ➢ **Gratifikationen**

- ➢ **Abfindungen**

- ➢ **Studienbeihilfen**

- ➢ **Stipendien**

- ➢ **Renten aus einem Haftpflichtanspruch** sind nur zum Teil pfändbar

- ➢ **Blindengeld** ist als Einkommen anzusehen,

- ➢ **Unterhaltsrenten oder –ansprüche** des Schuldners selbst sind teilweise pfändbar.

- ➢ **Bezüge aus Waisen- oder Witwenrenten**

> **Fortlaufende Zahlungen von Stiftungen oder anderen Wohltätigkeitseinrichtungen**

> **Riesterrenten** sind nur während der Auszahlungsphase pfändbar

Pauschal kann gesagt werden, alle Einkünfte unterliegen den Pfändungsgrenzen, außer den oben aufgeführten unpfändbaren Einkommensarten. Mehrer Einkommen werden zu einem Nettoeinkommen zusammen gerechnet **(§ 850e ZPO)**.

Forderungspfändungen

Diese Art der Pfändung ist weniger bekannt, denn hier werden beispielsweise zu **erwartende Steuerrückerstattungen oder ausstehende Zahlungen anderer Personen an Sie** (wie zukünftige Tantiemen) gepfändet.

Eigentlich ist diese Pfändung eine der sichersten und vor allem kostengünstigsten Varianten für den Gläubiger. Nur weiß kaum jemand etwas davon.

Bieten Sie von sich aus die Möglichkeit dem Gläubiger an, wenn Sie eine größere Summe erwarten, welche die Schuld abdeckt. Dann haben Sie Ruhe vor der Pfändung, Ihre Konten bleiben frei und Sie vermeiden die eidesstattliche Versicherung.

Pfändungsgrenzen

(Quelle: Bundesministerium für Justiz)

Die Pfändungsgrenzen sollen das Existenzminimum des Schuldners und seiner Familie innerhalb eines Monates sichern. Allgemein wird dies auch **Pfändungsschutz von Einkommen nach § 850c ZPO** genannt. Ausgegangen wird dabei von Ihrem bereinigten Nettoeinkommen. Die Tabelle der Pfändungsbeträge finden Sie im Anhang.

Dabei wird ein **Grundbetrag von 989,99 EUR** bei einer allein stehenden Person ohne Unterhaltsverpflichtungen zu Grunde gelegt. Mit jeder Person mehr, für die Sie als Schuldner unterhaltspflichtig sind, erhöht sich dieser pfändungsfreie Betrag. So erhält die erste unterhaltspflichtige Person **370,76 EUR** und jede weitere Person **je 206,56 EUR** zu dem Freibetrag des Schuldners.

Maximal werden aber **nur 5 zusätzliche** Personen berechnet. Das System der Großfamilien existiert offenbar in Deutschland nicht mehr.

Verfügen die Familienmitglieder, denen Sie Unterhalt gewähren, über ein eignes Einkommen, dann liegt es im Ermessen des Gerichtes nach **§ 850c Abs.4 ZPO**, ob und in wie weit diese Personen bei den Pfändungsgrenzen mitberechnet werden.

Wichtig für Sie ist dabei, ob diese Einkünfte zu den pfändbaren Einkommensarten gehören. Denn nur diese werden in Betracht gezogen.

Erhöhung der Pfändungsgrenzen

Normalerweise sieht der Gesetzgeber eine automatische Erhöhung der Pfändungsgrenzen nach 2 Jahren vor. Doch wahrscheinlich müssen diese Erhöhungen erst über den Bundesgerichthof eingeklagt werden, ehe sie stattfinden.

Denn obwohl die Lebenshaltungskosten und Energiepreise ins Quadrat steigen, wurden die Pfändungsfreibeträge **seit 2005** nicht mehr angehoben. Somit sind schon zwei Termine zur gesetzlich vorgegebenen Erhöhung verstrichen, ohne dass es Änderungen gab. Der nächste Termin ist Juli 2011.

Unabhängig davon können Sie als Schuldner unter **bestimmten Umständen** eine Erhöhung der Pfändungsgrenzen beantragen nach **§ 850f ZPO**.

Das Vollstreckungsgericht kann dann auf Ihren Antrag hin den **pfändbaren Lohnanteil** verringern und somit die Pfändungsfreigrenze erhöhen. Dies ist zum einen möglich, wenn Sie und Ihre Familie durch die Pfändung Hartz IV bedürftig werden oder aus persönlichen Gründen, zum Beispiel bei besonderen beruflichen Werbungskosten, bei schwerer Krankheit, bei mehr unterhaltspflichtigen Personen oder bei Krankheitskosten.

Zur Anhebung ist es nötig, dass Sie dem Antrag eine Bescheinigung des zuständigen Sozialamtes über Ihren Sozialhilfebedarf beifügen. Wer durch Krankheit erhöhte Ausgaben für Ernährung, Bekleidung oder andere Dinge hat, sollte Rechnungsbelege sammeln und die Erhöhung beim Vollstreckungsgericht beantragen.

Um die Pfändungsgrenze heraufzusetzen, gehen Sie zunächst zu Ihrer zuständigen **Arbeitsgemeinschaft** und lassen sich den sozialhilferechtlichen Lebensbedarf berechnen. Folgende Unterlagen sollten Sie mitnehmen:

- **Mietvertrag**
- **Nachweise über Unterhaltsverpflichtungen**
- **letzte Rechnung der Haftpflicht- und Hausratversicherung**
- **Verdienstbescheinigung, z.B. letzte Lohnabrechnung, Rentenbescheid**
- **Kostennachweise im Krankheits- oder Behindertenfall**
- **Schwerbehindertenausweis**

Nun lassem Sie sich eine **Bescheinigung** ausstellen. Mit diesem gehen Sie zur Rechtspflegersteller des Amtsgerichtes oder einem Anwalt und dieser wird den **Erhöhungsantrag bei Gericht** einreichen.

Achtung:
Das Vollstreckungsgericht wird den Gläubiger

anhören und wird ihm dazu auch die Anlagen, die Sie als Nachweis einreichen müssen, übersenden. Deshalb sollten **sensible Angaben,** wie Kontonummer, Bankverbindung, Telefonnummer, Krankenkasse, Rentenversicherungsnummer zuvor **geschwärzt** werden.

Möglichkeiten gegen die Pfändungen

Um einer möglichen Pfändung vorzubeugen, haben Sie verschiedene Möglichkeiten zur Verfügung. Die vernünftigste Regelung ist die **Ratenzahlung an den Gerichtsvollzieher.**

Bevor es zu den Pfändungen kommt, haben Sie die Möglichkeit eine Ratenvereinbarung mit dem Gerichtsvollzieher zu treffen, wenn der Gläubiger dies zulässt. In den meisten Fällen ist das der Fall.

Wägen Sie jedoch ab, ob Sie bei einer 6 Monate währenden Ratenzahlung noch Ihre Miete, den Lebensunterhalt sowie die Energiekosten tragen können. Bei einer Ratenzahlung an den Gerichtsvollzieher haben Sie nämlich nur **6 Monate zur Schuldentilgung** Zeit. Fragen Sie den Gerichtsvollzieher einfach und direkt nach dieser Form der Tilgung. Sind Sie unsicher, dann lassen Sie sich von ihm beraten. Dazu seien Sie unbedingt ehrlich. Die meisten Beamten gehen gern mit Ihnen alles durch und überprüfen auch, ob Ihnen genug zum Leben bleibt.

Jeder Zeit können Sie sich mit dem **Gläubiger** in Verbindung setzen und eine **Vereinbarung** treffen, welche beinhaltet, dass die **Vollstreckungs- und Pfändungsmaßnahmen ausgesetzt** werden für die Zeit der Ratenzahlung.

Sie können aber auch eine **gemeinnützige Schuldnerberatung** aufsuchen. Diese haben Listen mit **Stiftungen**, welche in bestimmten Schuldnerfällen schnell und unbürokratisch helfen. Doch auch durch das **Erfassen der Schulden**, dem Aufstellen eines **Schuldnerplans** sowie dem **Anschreiben der Gläubiger** kann das Pfändungsverfahren aufgehalten werden. Einziger Haken an der Geschichte sind die langen Wartezeiten der Beratungsstellen.

Vorsicht bei Krediten ohne SCHUFA, angeblichen Schuldensanierungskrediten oder –firmen. Diese schießen zurzeit wie Pilze aus dem Internetboden und verlangen saftige Gebühren für eigentlich gar nichts. Kredite werden nicht vermittelt, aber Sie sollen Bearbeitungsgebühren von mindestens 350 EUR bezahlen. Für horrende Geldsummen erhalten Sie Sanierungskonzepte, die weder auf Sie abgestimmt sind, noch Ihnen konkret helfen. Oder Ihnen wird ein jährlicher Betrag von mindestens 10 % Ihrer Schuldsumme aus der Tasche gezogen, um Ihre Schulden angeblich zu zentrieren. In Wahrheit werden Ihre Gläubiger nur angeschrieben und ein Ratenvertrag angeboten. Es wird also richtig Kasse mit dem Projekt „Schulden" gemacht, aber wirkliche Hilfe erhalten Sie nicht.

Eidesstattliche Versicherung

Die eidesstattliche Versicherung ist besser bekannt unter dem früheren Begriff **„Offenbarungseid"**. Diese kann ebenfalls durch den Gerichtsvollzieher seit 1999 direkt im Anschluss nach einer erfolglosen Pfändung abgenommen werden. Da aber zu diesem Zeitpunkt meistens die notwendige Ruhe zum Ausfüllen des Formulars **„Vermögensverzeichnis"** fehlt, ist die Wahrscheinlichkeit von möglichen Fehlern groß und darum könnten Sie diese Eidesstattliche Versicherung mit Erfolg vor Gericht anfechten.

Doch in der Praxis sieht es so aus, dass Sie etwa zwei Wochen nach der Pfändung von dem Gerichtsvollzieher in sein Büro vorgeladen werden und er Sie auffordern wird, die eidesstattliche Versicherung abzugeben. Sie haben nach **§ 900 Abs. 2 ZPO** ein Recht auf einen gesonderten Termin.

Bei diesem Termin erfasst der Gerichtsvollzieher Ihre **Vermögens- und Einkommensverhältnisse**, in dem er Ihnen vorher das Formular „Vermögensverzeichnis" zusendet.

Achtung: Sie können diesen **Termin umgehen**, wenn Sie glaubhaft dem Beamten nachweisen, dass Sie innerhalb von **drei Monaten** den Gläubiger bezahlen.

Dieses müssen Sie **umfassend** und vor allem **wahrheitsgemäß** beantworten. Unwahre Angaben ahndet das Gesetz mit strengen Strafen nach **§ 156 StGB**.

Damit veröffentlichen Sie eigentlich Ihre Zahlungsunfähigkeit, denn die eidesstattliche Versicherung (EV) wird in der **SCHUFA** und das **öffentliche Schuldnerverzeichnis** eingetragen.

Haben Sie einmal die EV abgegeben, dann bleibt diese für **drei Jahre** bestehen. Das bedeutet, Sie müssen die eidesstattliche Versicherung nur einmal in drei Jahren abgeben. Erst nach Ablauf der drei Jahre kann der Gläubiger auf Antrag die erneute EV verlangen.

Erscheinen Sie nicht zu dem anberaumten Termin des Gerichtsvollziehers, dann kann der Gläubiger beantragen, dass Sie per **Haftbefehl** zur Abgabe der EV gezwungen werden.

Die Befugnisse des Gerichtsvollziehers reichen bis zur **Beugehaft**. Wegen Ihrer Schulden müssen Sie nicht in den Strafvollzug, wohl aber bis zu **6 Monate** Haft drohen Ihnen, wenn Sie sich weigern, die EV abzugeben. Dieser Haftbefehl wird übrigens in die SCHUFA eingetragen und erst nach drei Jahren gelöscht.

Die Folgen der eidesstattlichen Versicherung

Viele Menschen sehen die EV als das gesellschaftliche Aus. In gewisser Hinsicht ist das auch so. Die **negativen Folgen** sind weitreichend und mitunter einschneidend. Wir haben die negativen Aspekte nachfolgend aufgelistet:

> Durch die Eintragung in das öffentliche Schuldnerverzeichnis und die SCHUFA ist es möglich, dass Sie **keine Kredite** erhalten und unter Umständen bestehende **Kredite gekündigt** werden.

> Die Kontoeröffnung ist nur noch auf **Guthabenbasis** möglich.

> **Kreditkarten** werden eingezogen bzw. nicht ausgestellt.

> Ein **Einkauf auf Rechnung** wird unmöglich. In den meisten Fällen zahlen Sie nun per Vorkasse oder Nachnahme.

> **Ratenvereinbarungen** für den Einkauf gibt es nicht mehr.

> Die **Wohnungs- und Jobsuche** ist erschwert.

> Andere **Gläubiger** erfahren von Ihrem Arbeitsplatz und Ihre Kontoverbindung.

Doch wie jede Sache hat alles eine negative und positive Seite. Beleuchten wir doch mal die positiven Folgen:

> Sie haben Zeit, Ihre **Finanzen zu ordnen**.

> Nutzen Sie diese Phase, um nach Möglichkeiten zur **Entschuldung** zu suchen, am besten mit Hilfe einer Schuldnerberatung. Die AWO, das DRK und andere gemeinnützige Einrichtungen haben in jeder größeren Ortschaft eine Schuldnerberatung.

> Sie können unter besseren Voraussetzungen Ihre **Schulden abbauen**.

> Ihre **Verhandlungsgrundlage** bei den Gläubigern ist nun eine viel bessere. Auf mögliche Vergleiche Ihrerseits ist ein Gläubiger eher gewillt einzugehen, da er weiß, dass Sie keine versteckten Vermögenswerte haben.

> Das öffentliche Schuldnerverzeichnis ist nur für Personen mit berechtigtem Interesse zugänglich. Also Otto-Normalverbraucher oder Ihr Nachbar wird dort nicht reinschauen dürfen, Inkassobüros oder andere Gläubiger schon. Da **weitere Zwangsmaßnahmen** mit Kosten für den Gläubiger verbunden sind, wird er davon Abstand nehmen und die drei Jahre abwarten.

Fazit: Sie verschaffen sich erst einmal eine **Ruhepause** mit der Abgabe der eidesstattlichen Versicherung. Was aber nicht bedeutet, Sie können nun alles dem Selbstlauf überlassen. Zinsen laufen trotz dieser Zeit weiter und wachsen an. Bemühen Sie sich eher die Schulden effektiv abzubauen. Die notwendigen Argumente haben Sie mit der eidesstattlichen Versicherung in der Hand.

Hinweise:

- ❖ Wer sich gegen die **EV wehrt**, erweckt den Verdacht, dass es Vermögenswerte gibt, die Sie nicht offen legen wollen.

- ❖ Der EV können Sie nur eine **bestimmte Zeit ausweichen**. Geben Sie gleich die eidesstattliche Versicherung ab, dann haben Sie es hinter sich und ersparen sich jede Menge Ärger.

- ❖ In dem Formular zum Vermögensverzeichnis müssen Sie Ihr Einkommen offen legen. Dabei geht es um das Einkommen, das Ihnen überwiesen wird, bei dem Sie also Zahlungsempfänger angegeben sind. Sie müssen **nicht die Familieneinkünfte** offen legen.

- ❖ **Tipp:** Da zwischen der Pfändung und der EV meistens ein Zeitraum von 4 Wochen liegt, überlegen Sie sich, ob es nicht angebracht ist, einige Leistungen zur Sicherheit an **Ihren Partner** zu übertragen.

Legale Tipps gegen die Pfändung

Damit Sie als Schuldner nicht ganz hilflos dem Gerichtsvollzieher gegenüber stehen, haben wir eine Liste mit kleinen, aber legalen Tipps zusammen gestellt.

Mit rund 90 % der Gerichtsvollzieher können Sie vernünftig reden, denn diese haben Verständnis für Ihre Lage und sind sich ihrer Aufgabe als Mittler zwischen Ihnen und dem Gläubiger im Klaren.

Doch besonders junge Gerichtsvollzieher halten sich sehr eng an die Gesetze, da sie unsicher in der Auslegung bzw. den Möglichkeiten sind, die sie haben. Meistens haben diese Beamten noch nicht die Sensibilisierung erreicht, wie ihre länger in diesem Beruf tätigen Kollegen.

Einige, sehr wenige Gerichtsvollzieher sind in ihrem Beruf schon oft getäuscht worden und gehen darum streng nach den Buchstaben des Gesetzes vor. Das kann wirken, als sei der Beamte gegen Sie als Schuldner eingenommen und vertrete nur die Interessen des Gläubigers.

Bitte denken Sie daran, bleiben Sie sachlich und vor allem ruhig. Kommen Sie dem Beamten entgegen oder nehmen Sie seine Handlung erst einmal hin. Sie haben **im Anschluss an die Pfändung immer noch Möglichkeiten**, um Ihr Eigentum auf **legalem Weg** zurück zu bekommen.

Fehler im Detail

Möchte der Gerichtsvollzieher bei Ihnen einen technischen Gegenstand pfänden, dann erzählen Sie ihm etwas von den **kleinen Macken**, die fast jedes Gerät hat. **Jeder Defekt** senkt im Kopf des Beamten den möglicherweise zu erzielenden Preis des Gerätes.

Sie haben ein Laptop von etwa 400 EUR Zeitwert und Sie benötigen diesen neben Ihrem PC für die Arbeit? Und der Gerichtsvollzieher meint, Sie brauchen nur den PC? Erzählen Sie von dem Akku, der statt zwei Stunden nur eine halbe Stunde hält. Das ist eine normale Verschleißerscheinung bei Laptops und senkt den Preis um mindestens 50 EUR. Der Arbeitsspeicher spinnt oder das Laufwerk spielt nicht alle CDs ab? Das sind wieder 50 bis 100 EUR. Und schon ist das Gerät nicht mehr von Interesse.

Doch bitte halten Sie sich **nahe an der Wahrheit**. Normalerweise überprüft der Gerichtsvollzieher nicht Ihre Angaben, doch was ist, wenn der gute Mensch sehr genau ist.

Peinlich wird es nämlich dann, wenn der Beamte das Gerät anschaltet und keiner der Fehler ist nachvollziehbar. Dann fragt sich der Gerichtsvollzieher, wobei Sie ihn noch belogen haben und wird in Zukunft bei Ihnen wesentlich genauer sein.

Darf im Kinderzimmer gepfändet werden?

Hier gehört ein klares **„Nein"** hin. Das Kinderzimmer, sämtliche Dinge wie ein eventuelles Einkommen des Kindes dürfen nicht betreten sowie gepfändet werden.

Die Praktiken einiger Gerichtsvollzieher, die sich das Kinderzimmer wie die Sparbüchsen der Kinder zeigen lassen, sind fragwürdig und rechtlich nicht begründet. Auch die Befragung des Kindes zu den Eigentumsverhältnissen hochwertiger Gegenstände wird als zweifelhaft durch die Rechtssprechung angesehen.

Fragen Sie mal beispielsweise einen siebenjährigen Jungen, ob Harry Potter, dem Kind oder seinem Vater ein im Kinderzimmer befindlicher PC gehört. Sie werden eine spannende wie unglaubliche Geschichte hören, in der alle Personen vorkommen, mit dem PC durch die Zeit reisen und Abenteuer bestehen. Michael Ende („Die unglaubliche Geschichte") würde neidisch werden. Und das ist normal für siebenjährige Kinder.

Auch die **Gegenstände von Mitbewohnern oder Partnern** sind tabu. Sie müssen nur glaubhaft machen, dass Ihnen diese Dinge nicht gehören. Das können Sie an Hand von Quittungen, Verträgen und ähnlichem.

Halten Sie diese Sachen am besten zu dem Termin mit dem Gerichtsvollzieher bereit. Er wird diesen Umstand in der Regel berücksichtigen, wenn die Erklärung nicht offensichtlich falsch oder unglaubwürdig ist. Bei Verheirateten darf der Gerichtsvollzieher aufgrund gesetzlicher Vorschriften erst einmal fast alles pfänden.

Sollte es trotzdem zu einer Pfändung der Sachen kommen, die Ihnen nicht gehören, dann muss der Besitzer der Gegenstände umgehend bei dem Amtsgericht eine **Drittwiderspruchsklage** nach **§ 771 bis 774 ZPO** einreichen.

Diese kann beispielsweise so aussehen:

Absender: …(Absender ist der Eigentümer des gepfändeten Gegenstandes)

An das Amtsgericht …(Adresse)

Drittwiderspruchsklage nach § 771 (oder § 772/§ 773/§ 774) **ZPO und Antrag auf Einstellung der Zwangsvollstreckung**

…(Name und Adresse des Eigentümers des gepfändeten Gegenstandes) als Kläger,

gegen

….(Name und Adresse des Gläubigers, der die Pfändung veranlasst hat) als Beklagter,

wegen: Unzulässigkeit der Zwangsvollstreckung und einstweiliger Einstellung der Zwangsvollstreckung.

Gegenstandswert: … (geben Sie den Zeitwert des gepfändeten Gegenstandes an)

Ich erhebe Klage und beantrage die Zwangsvollstreckung aus dem Urteil des Amtsgerichts Münster vom … (Datum des Vollstreckungsbescheides) unter Aktenzeichen…(Az. des Bescheides) - in den Gegenstand …(Bezeichnung des gepfändeten Gegenstandes) mit der Pfändung vom ... (Datum der Pfändung) durch GV ...(Name des Gerichtsvollziehers), Aktenzeichen: ... Aktenzeichen des Gerichtsvollziehers angeben) für unzulässig zu erklären.

Vorab wird beantragt,
die Zwangsvollstreckung in den ...(Bezeichnung des gepfändeten Gegenstandes) einstweilen bis zur Entscheidung der Klage ohne Sicherheitsleistung einzustellen.
Begründung:
Der Beklagte erwirkte gegen den Schuldner ... (Namen des Schuldners, gegen die Pfändung ergangen ist), das im Klageantrage bezeichnete Urteil des Amtsgerichts...(Ort des Amtsgerichts, dass den Vollstreckungsbescheid erlassen hat).

Beweis: Beiziehung der Akte des Amtsgerichtes...(Ort) unter Aktenzeichen...(Aktenzeichen des Vollstreckungsbescheides, auf Grund dessen die Pfändung vorgenommen wurde).

Dieses Urteil wurde rechtskräftig. Der Beklagte beauftragte ... (Namen und Anschrift des bearbeitenden Gerichtsvollziehers).
Die Vollstreckung ist nicht zulässig, da der Gegenstand nicht im Eigentum des Schuldners steht. Der Gegenstand ist Eigentum der Klägerin.

Beweis: ...(Quittungen, Ratenvereinbarungen, Kaufvertrag)
Glaubhaftmachung: Eidesstattliche Versicherung der Klägerin anbei.
Beglaubigte und einfache Abschriften liegen bei.

Unterschrift

Pfändungsprotokoll

Verlangen Sie immer ein Pfändungsprotokoll, es dient zum einen als **Quittung** und zum anderen lässt sich damit gegenüber anderen Gläubigern belegen, dass weitere Vollstreckungsaufträge gegen Sie keinen Sinn ergeben, so dass beiden Seiten weitere Kosten erspart bleiben.

Das Pfändungsprotokoll fertigt der Gerichtsvollzieher an, um eine Sicherheit zu haben, dass er seinen Pflichten nachgekommen ist und damit dem Gläubiger nachgewiesen wird, dass bei Ihnen wirklich nichts zu holen war. Normalerweise müssen Sie das Protokoll unterschreiben.

Sozialleistung – unpfändbar und doch weg?

Das kann tatsächlich passieren. Grade über Sozialleistungen müsste Sie als Schuldner gleich verfügen können. Doch haben Sie beispielsweise mit ihrem Lebenspartner ein Konto und sind nur als verfügungsberechtigt eingetragen, dann können Sozialleistungen, die auf Ihren Namen laufen und auf das Konto gehen, **als Leistung Dritter** angesehen werden.

Das bedeutet, Sie kommen an dieses Geld nicht mehr ran. Darum eröffnen Sie ein eignes Konto, auf welches Ihre Sozialleistungen gehen oder erweitern Sie den Empfänger der Leistungen auf Ihren Partner. So können Sie wieder über die Sozialleistungen verfügen.

Ist Ihnen trotzdem das passiert und Sie benötigen dringend das Geld, dann stellen Sie einen **Freigabeantrag des Kontos nach § 765 a ZPO**. Hier geht es um die Freigabe wegen sozialer Härten. Die Praxis hat aber gezeigt, dass die Rechtsberatungsstellen des Gerichtes solche Fälle wegen Aussichtslosigkeit ablehnen, dagegen haben die Schreiben von Rechtsanwälten zu 87 % Erfolg.

Uns ist der Fall bekannt eines Ehepaars, welches das Kindergeld auf das Konto des Ehemannes überwiesen wurde, bei welchem die Ehefrau verfügungsberechtigt war. Das Kindergeld wurde an die Ehefrau ausgezahlt. Durch eine Kontopfändung des Ehemannes wäre das Kindergeld für 10 Kinder(!) weg gewesen. Die Rechtsberatungsstelle eines niedersächsischen Amtsgerichts lehnte den Fall nach **§ 765a ZPO** wegen Aussichtslosigkeit ab. Ein Rechtsanwalt übernahm den Fall und führte eben diesen § an. Die Familie konnte innerhalb einer Woche über das Kindergeld verfügen. Deshalb lautet unsere Empfehlung, sollte Ihnen das passieren, gehen Sie sofort zu einem Anwalt für Sozial- oder Familienrecht.

Urlaubsgeld und Co.

Oft genug wissen Buchhaltungen nicht, wie eine **Lohnpfändung korrekt berechnet** wird. Weisen Sie Ihre Buchhaltung darauf hin, dass **Urlaubsgeld** grundsätzlich unpfändbar ist und nur die Pfändungsgrenzen auf das **Nettogehalt** angerechnet werden dürfen.

Weiter sind mindestens 500 EUR vom **Netto-Weihnachtsgeld** pfändungsfrei.

Auch **Zulagen** wie Erschwernis- oder Schmutzzulage sind pfändungsfrei und zur Hälfte die Vergütung von Überstundenzulagen. Das ist in den Gesetzesvorschriften von **§ 850 ZPO** zu finden, aber auch bei Schuldnerberatungen im Internet als PDF-Datei erhältlich.

Kontopfändung erschweren

Oft fragen sich viele Schuldner, wie der Gläubiger so schnell die Bank herausgefunden hat, bei der das Konto gepfändet wurde.

Entweder Sie haben es selbst angegeben, dann ist es Pech und Sie sollten entweder die Schuld umgehend bezahlen oder ein neues Konto eröffnen.

Oder Ihr Gläubiger lässt einfach pro forma bei den drei beliebtesten Banken der Umgebung ihre Konten pfänden. Normalerweise zählen zu den Spitzenreitern bei den Pseudo-Kontopfändungen die ortsansässige Sparkasse, die Volksbank und die Postbank.

Eröffnen Sie ein **Konto bei einer Onlinebank oder in einem entfernten Standort**. Da gibt es nicht den direkten Service wie bei Banken vor Ort, aber Sie haben Ihr Geld sicher und der Gläubiger läuft erst einmal ins Leere. Das empfiehlt sich besonders bei Inkasso-Unternehmen, die kaum oder gar keine Gesprächsbereitschaft zeigen.

Nach einer fruchtlos erfolgten Kontopfändung zeigt sich ein enormer Anstieg des Kommunikationsbedürfnisses bei dem Gläubiger. Als Negativbeispiel bei den Inkassofirmen ist hier das „Realinkasso" zu nennen. Hier wird etwa drei Wochen nach ergangenem Vollstreckungsbescheid bereits das Konto gepfändet. Ratenzahlungsangebote gegen eine Aufhebung bzw. Aussetzung der Kontopfändung werden grundsätzlich ausgeschlagen.

Pfiffige Inkassofirmen testen auch mit Pseudoüberweisung von einem Cent, ob und wo das Konto besteht. Erhalten Sie also Centbeträge von einer Rechtsanwaltskanzlei oder einem Inkassobüro, dann freuen Sie sich nicht. In den nächsten Wochen dürften Sie mit einer Kontopfändung rechnen. In solch einem Fall leiten Sie **schnellstens** Ihr Einkommen auf ein anderes Konto um.

Banken, Gebühren und Pfändung

Viele Banken berechnen bis zu 25 EUR Bearbeitungsgebühren für eine Kontopfändung. **Aufgepasst!** Das ist nicht erlaubt. Der Bundesgerichtshof hat hierzu ein Urteil gefällt (**BGH Urteil vom 18.05.1999, AZ.: XI ZR 219/98**) und solche Gebühren als nicht zulässig bezeichnet. Weisen Sie Ihre Bank darauf hin. Die Praxis sieht meistens aber so aus, dass Sie erst einmal die Gebühren bezahlen müssen und dann mit Hinweis auf dieses Urteil die Gebühren erstattet bekommen.

Trauriger Spitzenreiter unter den Banken, die sämtliche ergangene Rechtssprechung zugunsten der

Schuldner für Null und Nichtig betrachtet, ist die **Sparda Bank** Hannover. Diese berechnet einfach hohe Gebühren für das Konto und die Bearbeitung der Pfändung, ignoriert die berechtigte Rückforderung des Schuldners und kündigt Konten wegen negativer SCHUFA. Uns ist ein Fall bekannt, wo nach einer zweimaligen Pfändung des Kontos (im Abstand von einem halben Jahr) folgende Bemerkung durch die Sachbearbeiterin gegenüber dem Kontoinhaber gemacht wurde: „Es lohnt sich nicht, das Konto zu entsperren, die nächste Pfändung ist ja schon im Anmarsch." Als der Schuldner nachfragte, wieso die Bearbeiterin das wisse, zeigte sie ihm im PC diesen Eintrag: „Kontosperrung nicht aufheben, die nächsten Pfändungen sind zu erwarten." Man wartet noch heute, ein Jahr später, auf diese Pfändungen.

Kontokündigung und Konto für jedermann

Oft genug werden Schuldnern bei einer negativen SCHUFA oder ab der zweiten Kontopfändung das Konto gekündigt. Das ist nicht rechtens. Die Bank darf zwar den Dispositionskredit kündigen, aber nicht das Konto. Der Gesetzgeber hat die Möglichkeit geschaffen, dass ein pfändungssicheres Konto beantragt werden kann. Auf diesem Konto kann ein Betrag von 985,15 EUR freigestellt werden, der für die Gläubiger gesperrt bleibt. Für jede unterhaltspflichtige Person erhöht sich dieser Freibetrag. Die Rechtssprechung unterstützt zunehmend diese Möglichkeit.

„Banken sind nicht berechtigt, einem Kunden das Konto zu kündigen wenn Gläubiger versuchen, die Schulden per Kontopfändung einzutreiben." Dies hat das **Oberlandesgericht Karlsruhe** unter Aktenzeichen **4 U 196/07** entschieden.

Manche Banken versuchen sich dann auf die Unzumutbarkeitsklausel zu berufen, die mitunter in den Allgemeinen Geschäftsbedingungen eingebaut ist. Auch falsch, die Empfehlungen des ZKA`s (Zentraler Kreditausschuss) geben mit dem „**Konto für jedermann**" den Banken eine Art Selbstverpflichtung seit 1996 in Auftrag. Die Umsetzung ist aber willkürlich und wird nur von den **Sparkassen** ernst genommen.

Zum besseren Verständnis erläutern wir Ihnen kurz die **Unzumutbarkeitsklausel**. Diese besagt, dass Ihnen die Weiterführung bzw. Eröffnung des Kontos bei falschen Angaben zur Person oder bei nachgewiesenem Betrug gegen Banken verweigert werden kann. Negative SCHUFA oder Pfändungen auf dem Konto zählen **nicht** zur Unzumutbarkeit für Banken.

2004 wurde eine Praktik bei den Banken u. a. eingeführt, die allgemein unter dem Begriff „**Schalterhygiene**" bekannt wurde und den Ausschluss von Kunden mit beispielsweise Hartz IV zur Folge hatte. Damit sollen vor allem den sozial schwachen Kunden der Zugang zu einem Konto massiv erschwert oder verweigert werden, da hier ein erhöhter und meistens unentgeltlicher Mehraufwand für die Banken vermutet wird.

Urteile wie folgendes des **Landgerichts Berlin vom 08.05.2008, 21 S 1/08** werden aber immer häufiger zu Gunsten des Schuldners und gegen die Banken gefällt. In dem vorliegenden Fall wurde beschlossen, dass auch **Privatbanken** ein Konto auf Guthabenbasis Kunden mit negativer SCHUFA einzuräumen haben.

Wurde Ihnen die Eröffnung eines „Girokontos für jedermann" durch ein Institut abgelehnt oder ein entsprechendes Konto gekündigt, so gibt es für Sie die Möglichkeit, diese Entscheidung durch die zuständige **Kundenbeschwerdestelle** - kostenfrei - überprüfen zu lassen. Die Adressen der Kundenbeschwerdestellen lauten wie folgt:

Für die privaten Banken:
Bundesverband deutscher Banken e. V.,
Kundenbeschwerdestelle,
Burgstraße 28, 10178 Berlin,
Tel.: 030/16 63 - 3166,
www.bankenombudsmann.de

Für die Volks- und Raiffeisenbanken:
Kundenbeschwerdestelle
beim Bundesverband der Deutschen Volksbanken
und Raiffeisenbanken - BVR,
Postfach 30 92 63, 10760 Berlin,
Tel.: 030/20 21 - 1631, -1632,
www.bvr.de

Für die Sparkassen:

Deutscher Sparkassen- und Giroverband,
Charlottenstraße 47, 10117 Berlin,
Tel.: 030/20 225 - 53 54,
www.dsgv.de

Für die öffentlichen Banken:
Bundesverband Öffentlicher Banken Deutschlands
(VÖB).,
Kundenbeschwerdestelle,
Postfach 11 02 72, 10832 Berlin
www.voeb.de

Ein allgemein einsetzbares Schreiben haben wir für
Sie vorbereitet.

Absender: Ort, Datum:

Kundenbeschwerdestelle (siehe oben):

ZKA-Empfehlung „Girokonto für jedermann"
Ablehnung einer Kontoführung

Sehr geehrte Damen und Herren,
von der….(Name und Anschrift der/des Bank/Kreditinstitutes):
Zweigstelle/Filiale:…..wurde mir am …(Datum) die Einrichtung
bzw. Fortführung eines „Girokontos für jedermann" verwehrt.
Begründung der Bank: … (eventuelle Gründe anführen).

Kopien aller relevanten Unterlagen habe ich diesem Schreiben -
sofern vorhanden - als Anlage beigefügt.

Ich bitte um Überprüfung.

Mit freundlichen Grüßen

Unterschrift

Vollstreckungserinnerung

Wenn Sie meinen, dass der Gerichtsvollzieher sich nicht korrekt während der Pfändung verhalten hat oder ein Gegenstand zu Unrecht gepfändet wurde, dann können Sie eine **Vollstreckungserinnerung** bei Gericht einreichen.

Lassen Sie sich nicht zuviel Zeit mit dem Einreichen der Erinnerung, nach der Pfändung haben Sie nur **eine Woche Zeit** für Gegenmaßnahmen. Die Vollstreckungserinnerung können Sie bei Ihrem zuständigen Gericht in der Rechtspflegerabteilung beantragen.

Absender: ...

An das Amtsgericht...

Vollstreckungserinnerung nach § 766 ZPO

In der Zwangsvollstreckungssache,

Aktenzeichen des Gerichts: ...

Aktenzeichen des Gerichtsvollziehers: ...

des Gläubigers ...(Name und Adresse)

vertreten durch Verfahrensbevollmächtigter... (falls ein Rechtsanwalt der Ansprechpartner ist, dessen Adresse und Namen eintragen)

gegen

Schuldner/in ...(tragen Sie ihren Namen und Adresse ein)

Hiermit beantrage ich die vom Gerichtsvollzieher …(Name und Anschrift) in … (Wohnort des Schuldners) am … (Datum der Pfändung) bei dem Schuldner unter dem Aktenzeichen …(Aktenzeichen des Gerichtsvollziehers) vorgenommene Pfändung eines … (Gegenstand bezeichnen) für unzulässig zu erklären und den Gerichtsvollzieher anzuweisen die Pfändung aufzuheben.

Begründung:

(1.Möglichkeit) Bei dem Pfandgegenstand handelt es sich um einen Gegenstand, welcher nach § 811 ZPO unpfändbar ist.

(2.Möglichkeit) Der Verhältnismäßigkeitsgrundsatz nach § 803 Abs. 2 ZPO wurde nicht eingehalten. Der Pfandgegenstand deckt nicht die Gesamtkosten der Pfändung.

(3. Möglichkeit) Der oben genannte Gerichtsvollzieher hat weitaus mehr gepfändet, als es zur Deckung der Gesamtkosten erforderlich wäre nach § 803 Abs.1 ZPO. Ich fordere die Herausgabe der Gegenstände…(Aufzählung).

(4. Möglichkeit) Der Gerichtsvollzieher, Herr…, überschritt seine Befugnisse, indem er sich weder korrekt auswies nach § 8 GVO und mir die Einsicht in den Pfändungsauftrag nach § 60 Abs. 1 GVO verweigerte. Somit wies die Pfändung Verfahrensfehler auf nach § 139 und § 295 ZPO und ist als nichtig zurück zu weisen.

(5. Möglichkeit) Die Pfändung durch den Gerichtsvollzieher, Herrn …, war rechtsunwirksam, da zu diesem Zeitpunkt bereits kein Grund mehr für die Pfändung bestand. Der Gläubiger erhielt auf Grund eines Vergleiches vom … (Datum des Vergleichs) am … (Datum der Überweisung) den ausgemachten Betrag. Somit war die Schuld bereits zum Pfändungstag bezahlt und bestand dem Grunde nach nicht mehr. (Anmerkung: Der Begriff „Vergleich" kann durch andere Vereinbarungsbegriffe ersetzt werden wie Ratenvereinbarung. Hat sich der Gläubiger verpflichtet, die Pfändung ruhen zu lassen bzw. auszusetzen im Gegenzug zu einer Ratenvereinbarung, dann darf die Pfändung nicht mehr vorgenommen werden. Sie darf auch nicht mehr

vorgenommen werden, wenn die Pfändung vorab vollständig bezahlt wurde.).

Unterschrift   Ort und Datum

Anlagen: Quittung der Pfändung, Pfändungsprotokoll usw.

Insolvenzverfahren - die Privatinsolvenz

Der Gesetzgeber hat die private Insolvenz oder auch hochtrabend „Verbraucherinsolvenz" eingeführt. Angesichts der immer größer werdenden Verschuldung privater Haushalte hat der Staat vor einigen Jahren diese Möglichkeit der Entschuldung für Privatpersonen im Gesetz verankert. Die Zahl derer, die darauf zurückgreifen, wächst genauso beharrlich und im gleichen Verhältnis, wie die sozialen Leistungen abgebaut werden und die durch Banken verursachten Krisen sich häufen.

Dieser Weg bietet sich hauptsächlich für Personen an, die überschuldet sind und somit die monatlichen Verpflichtungen nicht mehr tragen können. Also brauchen Sie sich in keiner Weise zu schämen, wenn Ihnen nur noch dieser Ausweg bleibt.

Wenn Sie also absolut keine Einsparmöglichkeiten mehr haben und die Schulden ersticken Sie fast, dann haben Sie auch nichts mehr zu verlieren und sollten die Privatinsolvenz anmelden.

Vor- und Nachteile der Privatinsolvenz

Wie jede Sache hat auch die Privatinsolvenz Vor- und Nachteile. Im ersten Moment, wenn Sie diese Möglichkeit in Betracht ziehen, werden Sie nur die Nachteile sehen. Doch lassen Sie sich etwas Zeit und schauen Sie sich auch die Vorteile an. Dann wird die Privatinsolvenz gar nicht mehr so bedrohlich wirken.

Die Nachteile sind allgemein bekannt und lehnen sich stark an die Nachteile der eidesstattlichen Versicherung an. Zumindest vermutet das ein Großteil der Bevölkerung und hier liegen die meisten Fehler. Dadurch, dass wenig über die Privatinsolvenz bekannt ist, existiert eine Art negatives Halbwissen, welches mehr Angst verbreitet. So ist eine objektive Betrachtungsweise der möglichen Vorteile nicht mehr möglich. Wir listen Ihnen übersichtlich alle Punkte auf, die für und gegen eine Privatinsolvenz sprechen.

Beschäftigen wir uns zuerst mit den **negativen Aspekten**:

> ➢ Wer von Ihnen noch keine **eidesstattliche Versicherung** abgegeben hat, wird dies nun tun müssen. Wurde dies bisher nicht gefordert, durch die Gläubiger, rufen Sie bei dem zuständigen Amtsgericht und fragen Sie nach dem Gerichtsvollzieher, der für Ihr Gebiet zuständig ist. Schildern Sie ihm Ihre Absicht und bitten Sie um einen Termin für die EV.

> ➢ Die logische Folge kann sein, dass die Banken Ihnen die **Kredite kündigen**. Vereinbaren Sie

vor der EV einen Termin mit Ihrem Bankberater und vereinbaren Sie eine schrittweise Rückzahlung der Kredite. Gleichzeitig lassen Sie alle Konten auf **Guthabenbasis** umstellen.

> Informieren Sie Ihren **Arbeitgeber** vorab von Ihrem Vorhaben. Immer mehr gehen, besonders in kleineren Firmen, die Arbeitgeber zu einem sozial verträglichen Arbeitsklima über. Es durchaus möglich, dass Sie einen Kredit erhalten oder andere Unterstützung. In größeren Firmen nimmt man die Privatinsolvenz mitunter zum Anlass, für eine **Kündigung**. Das passiert zwar selten, aber es ist im Bereich der Möglichkeiten.

> Die Vorarbeiten sind **umfangreich** und erfordern in 90 % der Fälle das Einschalten eines **Anwaltes**.

> Es entstehen **zusätzliche Kosten**, die meistens kaum beachtet werden.

> Die **Wohlverhaltensphase** dauert 6 Jahre. Jedoch rechnet man die 3 Jahre hinzu, ehe man die Einträge aus der SCHUFA löschen kann, so dauert die Privatinsolvenz 9 Jahren insgesamt.

> Mit einer Privatinsolvenz ist fast unmöglich eine **neue Wohnung** zu finden oder einen **Telefonanbieter**. Ähnlich sieht es bei einem Wechsel der **Energieversorger** aus. So bleiben einem Menschen die elementarsten

Bedürfnisse versperrt und ein vernünftiger Weg, um etwas einzusparen.

> An eine **Selbständigkeit** brauchen Sie nicht einmal ansatzweise zu denken. Kredite erhalten Sie nicht und mehr als den Pfändungsfreibetrag lassen nicht viel Spielraum, um ein Betrag anzusparen.

Die **Vorteile** sind nicht so offensichtlich, deshalb haben wir sie hier zusammen getragen:

> Egal, wie hoch die Schulden sind, nach 6 Jahren sind Sie **schuldenfrei** und die **SCHUFA** wird auf Null gesetzt.

> Die **Pfändungsgrenzen** finden auch hier ihre Anwendung, so dass es passieren kann, die Gläubiger erhalten je nach Höhe des Gehaltes nur einen Bruchteil der Schulden zurück.

> **Wichtig für Selbstständige:** Nicht das gesamte monatliche Einkommen muss abgeführt werden, sondern nur die Differenz zwischen Pfändungsfreigrenze und dem durchschnittlichem Einkommen des Bereiches, in dem der Schuldner tätig ist. Hintergrund dieser für den Schuldner günstigen Regelung ist die Idee des Gesetzgebers, dass nur ein motivierter Schuldner auch bereit ist, Schulden zu tilgen.

> Nach 6 Jahren **erlöschen sämtliche Schuldtitel**. Ohne die Privatinsolvenz geschieht das erst nach 30 Jahren.

> **Böse Überraschungen** wie Lohn-, Kontopfändungen oder Besuche des Gerichtsvollziehers unterbleiben.

> Durch die **EU-Gesetze** ist es möglich, dass die Wohlfahrtsphase auf ein Jahr verkürzt wird. Dazu erfahren Sie mehr unter dem Abschnitt „Privatinsolvenz im EU-Vergleich".

Wie funktioniert nun eine Privatinsolvenz?

Das ist eine zentrale Frage, die sich viele von Ihnen stellen, wenn die Möglichkeit der Privatinsolvenz in näheren Erwägungen rückt. Sie können es sich ganz einfach machen und bei der Schuldnerberatung einen **Rechtsanwalt** empfehlen lassen, der Privatinsolvenzen betreut. Das verursacht kaum Kosten, denn Sie können die **Beratungshilfe** in Anspruch nehmen.

Wer es von Ihnen lieber erst einmal allein probieren möchte, für den haben wir einige Punkte und Checklisten wie Mustervorlagen für Anschreiben vorbereitet.

Erst suchen Sie eine **gütliche, außergerichtliche Einigung** mit den Gläubigern. Dabei erstellen Sie in Zusammenarbeit mit Rechtsanwälten oder der Schuldnerberatung einen **Schuldentilgungsplan**.

In diesem muss enthalten sein:

- ▶ Einnahmen

- ▶ Vermögen

- ▶ Familienverhältnisse

- ▶ ein Verzeichnis sämtlicher Schulden und Gläubiger (dazu sollten Sie eine aktuelle Forderungsaufstellung vom Gläubiger anfordern)

- ▶ Und ganz wichtig, einen Tilgungsplan (in einem Tilgungsplan bieten Sie allen Gläubigern eine Begleichung der Schuld in Höhe von mindestens 10%, maximal jedoch 20% der Gesamtschuldsumme an)

Hier ein Beispiel für eine Forderungsaufstellung

Außergerichtlicher Einigungsversuch gemäß § 305 Abs. 1 Insolvenzordnung

Gläubiger:
Ihr Zeichen:

Sehr geehrte Damen und Herren,

da ich überschuldet und zahlungsunfähig bin strebe ich zunächst mit Ihnen eine außergerichtliche Lösung zur Schuldenbereinigung an, um ein für alle Beteiligten zeit-, arbeits- und kostenaufwendiges gerichtliches Insolvenzverfahren zu vermeiden. Im Rahmen meiner finanziellen und persönlichen

Möglichkeiten werde ich Ihnen deshalb in Kürze einen
Zahlungsvorschlag unterbreiten.

Um diesen vorzubereiten, muss ich zunächst alle bestehenden
Forderungen erfassen, da sich mein Vorschlag nach dem Anteil
Ihrer Forderung an meiner Gesamtverschuldung richten wird. Ich
bitte Sie deshalb gemäß § 302 Insolvenzordnung um
Überlassung folgender Unterlagen:

- Forderungsaufstellung (aufgeschlüsselt nach §
  497 Abs. 3 bzw. § 367 Abs. 1 BGB),
  Kopie des Titels

- Benennung geltend gemachter rechtsgültiger
  Sicherheiten (Art der Sicherung, Kopie der
  Urkunde, Datum, Höhe der gesicherten
  Forderung)

*Falls sich der Gläubiger durch einen
Rechtsanwalt/Rechtsanwältin oder ein Inkassounternehmen
vertreten lässt:*

- Vollmacht des Auftraggebers in Kopie

Sollten Sie weitere Forderungen gegen mich geltend machen,
bitte ich ebenfalls um Überlassung der o. g. Unterlagen. Bitte
bereinigen Sie die Forderung ggf. um bereits verjährte
Bestandteile.

Weiter bitte ich Sie, für die Dauer des außergerichtlichen
Einigungsverfahrens auf Zwangsvollstreckungsmaßnahmen zu
verzichten, um meine Bemühungen auf eine gütliche Einigung
nicht zu gefährden.

Ich danke für Ihr Verständnis und Ihre Kooperationsbereitschaft.
Für Ihre Rückantwort habe ich mir eine Frist bis zum
.... (Datum) notiert. Es würde dem Fortgang des
Einigungsversuches auch in Ihrem Interesse nützen, wenn mir
bis dahin die erbetenen Unterlagen vorlägen.

Mit freundlichen Grüßen

Unterschrift

oder eine **ganz einfache Anforderung** wie im
nächsten Beispiel:

Absender: …

Empfänger:…

Anforderung einer Forderungsaufstellung

Aktenzeichen: …

Sehr geehrte Damen und Herren,

um mir eine genauen Überblick über meine Verschuldung zu
verschaffen, bitte ich Sie um
Überlassung folgender Unterlagen:

- Forderungsaufstellung (aufgeschlüsselt nach §
  497 Abs. 3 bzw. § 367 Abs. 1 BGB),
  Kopie des Titels

- Benennung geltend gemachter rechtsgültiger
  Sicherheiten (Art der Sicherung, Kopie der
  Urkunde, Datum, Höhe der gesicherten
Forderung)

*Falls sich der Gläubiger durch einen
Rechtsanwalt/Rechtsanwältin oder ein Inkassounternehmen
vertreten lässt:*

- Vollmacht des Auftraggebers in Kopie

Bitte bereinigen Sie die Forderung ggf. um bereits verjährte
Bestandteile.

Vielen Dank für Ihre Mühe.

Mit freundlichen Grüßen

Ort, Datum Unterschrift

Und hier das **Begleitschreiben** zum Tilgungsplan:

Absender: …

Persönlich/vertraulich

Gläubiger: …

**Rechnung Nr./ Aktenzeichen: … vom … (Datum) über …
EUR (Gesamtsumme, die offen steht)**

**Schuldenbereinigungsplan   -   Außergerichtlicher
Einigungsversuch**

Sehr geehrter Damen und Herren,

aufgrund einer betriebsbedingten Kündigung meines
Arbeitgebers (oder anderen Grund für die Verschuldung) bin ich
zum … (Datum des Eintritts des Grundes) arbeitslos geworden
und beziehe gemäß Bescheid der Agentur für Arbeit … (Ort) ab
dem … (Datum des Leistungsbezuges) soziale Leistungen.
(Erhalten Sie keine sozialen Leistungen, sondern Ihr Einkommen
hat sich verringert, dann teilen Sie dies mit.)

Meine Einnahmen reichen ab diesem Zeitraum nicht aus meinen
Verpflichtungen in voller Höhe dauerhaft nachkommen zu
können.

Aufgrund der mir vorliegenden Unterlagen beträgt meine
Restschuld mit Ihrem Haus per … (Datum)

118

...(Restsumme ohne Zinsen aufführen)

Meine gesamten Verbindlichkeiten somit zum o. g. Zeitpunkt betragen € ...(restliche Gesamtsumme inkl. Zinsen).

Um meinen Verpflichtungen in angemessener Höhe zu tilgen, habe ich einen Schuldenbereinigungsplan erstellt, den ich als Anlage beifüge. Aus diesem können Sie erkennen, dass ich beabsichtige, Ihnen innerhalb von ... Monaten (Dauer der Monate) lang eine Rate von EUR ...(monatliche Ratenhöhe) zu überweisen. Das ergibt einen Gesamtbetrag von ... EUR (mindestens eine Summe von 50 bis 75 % der Restschuld) und würde somit einen Verzicht von ...EUR (Differenz zur Gesamtschuld) für Sie bedeuten.

Ich bitte Sie, die beigefügte Anlage zu studieren und mir innerhalb von 14 Tagen mitzuteilen,

1. ob der Restschuldbetrag mit Ihren Aufzeichnungen übereinstimmt,

2. ob Sie dem Schuldenbereinigungsplan zustimmen könnten.

Sollte dies nicht der Fall sein, sehe ich mich auf Grund meiner finanziellen und wirtschaftlichen Verhältnisse gezwungen Antrag auf Eröffnung des Verbraucherinsolvenzverfahrens beim zuständigen Insolvenzgericht einzureichen.

Mit freundlichen Grüßen

Unterschrift

Sagt nur einer der Gläubiger „nein" zu dem Vorschlag, dem Tilgungsplan, dann geht es weiter mit der nächsten Stufe der Verbraucherinsolvenz, der **Beantragung bei Gericht** und das bedeutet:

Über das Scheitern des Tilgungsplans stellt Ihnen ein Rechtsanwalt eine **Bescheinigung** aus, mit der Sie

zu Gericht gehen und die Privatinsolvenz beantragen.
Dafür benötigen Sie folgende Dinge:

- ✓ die **Bescheinigung** über den erfolglosen außergerichtlichen Einigungsversuch,
- ✓ einen **Antrag** auf Erteilung der Restschuldbefreiung,
- ✓ eine **Aufstellung** des vorhandenen Einkommens und Vermögens,
- ✓ eine **Auflistung aller Gläubiger/innen** und deren Forderungen,
- ✓ eine **Erklärung** über die Vollständigkeit dieser Angaben,
- ✓ den **Schuldenbereinigungsplan**.

Auf der Grundlage dieser Unterlagen entscheidet das Gericht nun über die möglichen Erfolgsaussichten für einen gerichtlichen Einigungsversuch.

Erscheint ein solches gerichtliches **Schuldenbereinigungsverfahren aussichtslos**, dann beginnt das eigentliche Insolvenzverfahren.

Bestehen jedoch **Chancen** für einen gerichtlichen Einigungsversuch, bemüht sich das Insolvenzgericht, eine **gütliche Einigung** zwischen den Parteien auf dem gerichtlichen Wege herbeizuführen. In diesem gerichtlichen Verfahren legt das Gericht den Gläubigern die Unterlagen vor und fordert sie auf, sich innerhalb eines Monats dazu zu äußern.

Aufgepasst! Falls innerhalb dieser Frist **keine Stellungnahme** der Gläubiger abgegeben wird, wird dies als **Einverständnis** gewertet.

Stimmen **mehr als die Hälfte der Gläubiger** dem Schuldenbereinigungsplan zu, kann das Gericht die fehlende Zustimmung der anderen unter bestimmten Voraussetzungen ersetzen. Einzelne Gläubiger können somit das Verfahren **nicht blockieren**, indem sie untätig bleiben oder sich einer Lösung widersetzen.

Kommt es nun zu einer Einigung mit den Gläubigern, müssen Sie die im Schuldenbereinigungsplan festgelegten Beträge bezahlen. Im Anschluss sind Sie schuldenfrei.

Wenn die Hälfte oder mehr der Gläubiger ihre Zustimmung verweigern oder Ihr Plan von vornherein aussichtslos erscheint, ist der Versuch einer gütlichen Einigung gescheitert. In diesem Fall eröffnet das Gericht endlich das Privatinsolvenzverfahren und bestimmt einen **Treuhänder**, der mit der Abwicklung der Insolvenzmasse und den Zahlungen an die Gläubiger betraut wird. Der Treuhänder kann auch Grundstücke und Immobilien verkaufen bzw. zwangsversteigern, um die Gläubiger zu befriedigen.

Tipp: Überlegen Sie sich schon vor der Beantragung der Privatinsolvenz, ob es nicht angebrachter ist, ein Einfamilienhaus, dass Sie bewohnen, zu verkaufen und in eine **Mietwohnung zu ziehen**. Besonders wenn Sie Altbauten besitzen, ist dies empfehlenswert. Bei den Pfändungsgrenzen sind nämlich Mittel für Reparaturen nicht vorgesehen. Dagegen können Sie bei einer **Mietwohnung Wohngeld** unkompliziert beantragen und Ihr **Familienbudget wird deutlich**

entlastet, da für künftige Reparaturen der Vermieter zuständig ist.

Nach der Beantragung bei Gericht sind Sie verpflichtet, sechs Jahre lang jede zumutbare Arbeit anzunehmen und den Lohn bis auf den pfändungsfreien Teil an die Gläubiger zurückzahlen (das nennt sich **Wohlverhaltensphase**).

Zum Glück wurde das Verfahren gestrafft. Die Wohlverhaltensphase beträgt nur noch 6 Jahre, vorher waren es 7 Jahre. Danach kommt es zur **Restschuldbefreiung**. Diese wird nur versagt, wenn Sie sich etwas Schwerwiegendes wie beispielsweise **Schwarzarbeit oder Nichtanzeigen des Ortswechsels** - also Umzuges - zu Schulden kommen lassen.

Es gibt aber noch weitere Verbesserungen. Antragssteller mussten auf einen Privatkonkurs oft Prozesskosten **von bis zu 2500 € auf einen Schlag** im Voraus an die Gerichte zahlen. Da viele Betroffene das Geld nicht aufbringen konnten, blieben sie im Schuldenturm sitzen. Mittlerweile ging man dazu über, die Gerichtskosten zu stunden. Die Stundung endet erst dann, wenn die Altschulden erlassen sind.

Achtung! Erbschaften müssen umgehend angezeigt werden, aber sie fließen nur zu **50%** in die Tilgung ein.

Wichtig: Geldstrafen oder Schadenersatzforderungen nach **Diebstahl, Betrug oder Körperverletzung** kann man durch den Verbraucherkonkurs nicht abschütteln. Gleiches gilt für **laufende Unterhaltszahlungen**.

Während des Verfahrens bestimmt das Gericht einen für Sie verantwortlichen **Treuhänder**, an welchen Sie Ihre Tilgungen zahlen (**nicht** an den Gläubiger) und der den korrekten Ablauf der Wohlfahrtsphase überwacht.

Geschätzte Kosten je Verfahrensstufe

Die Verfahrenskosten setzen sich aus den **Gerichtskosten, den Treuhänderkosten und den Rechtsanwaltskosten** zusammen.

Werden während der Wohlverhaltensperiode pfändbare Beträge frei, so begleicht der Treuhänder hiervon zunächst die gestundeten Verfahrenskosten. Wurden in der Wohlverhaltensperiode die Verfahrenskosten noch nicht beglichen, stundet das Gericht sie bis zu 48 Monate nach Beendigung der Wohnverhaltensperiode. Dazu müssen Sie aber einen formlosen Antrag bei Gericht stellen.

Doch sehen wir uns die Kosten im Einzelnen an:

- der **außergerichtliche Einigungsversuch** ist kostenfrei. Falls Sie Hilfe benötigen, wenden Sie sich am besten an eine Schuldnerberatung in freier Trägerschaft, denn diese ist **kostenfrei**.

- **Rechtsanwälte** sind ab einem bestimmten Punkt im Privatinsolvenzverfahren wichtig, doch leider verlangen diese oft Extrahonorare. Verweisen Sie

auf die Abrechnung nach dem
Beratungshilfegesetz (kostenfrei) und der
BRAGO.

- Der gerichtliche Schuldenbereinigungsplan kostet
bis zu **12,50 EUR** Gerichtsgebühr. Dazu kommen
noch Auslagen für die Zustellung an die Gläubiger
(**pro Gläubiger 6 EUR**).

- Das Insolvenzverfahren verursacht ebenfalls
Kosten, wobei der Insolvenzverwalter je nach
Insolvenzmasse bezahlt wird. Doch mit folgenden
Grundgebühren müssen Sie rechnen:
mindestens **250 EUR** je Insolvenzmasse,
mögliche Auslagen mit **100 EUR**,
Veröffentlichungen etwa **500 EUR**,
Gerichtsgebühr **62,50 EUR**, bei 10 Gläubigern
mindestens **885 EUR** plus Auslagen.

- In der Wohlfahrtsphase rechnen Sie **einmal
jährlich** und je nach pfändbaren Einkommen für
den Treuhänder die Treuhändervergütung ein,
was cirka **100 EUR plus Auslagen** sind.

Privatinsolvenz im europäischen Vergleich

Die deutsche Privatinsolvenz liegt im unteren Drittel aller EU-Mitgliedsstaaten im Bezug auf die Länge der Wohlfahrtsphase. Ebenso schlecht sieht es bei der Abwicklung vor dem Eröffnen des Insolvenzverfahrens aus. Während Länder wie Frankreich, Spanien und England die Vorbereitungen zur Privatinsolvenz gestrafft haben, hat Deutschland einen der längsten und vor allem bürokratischsten Wege zur Insolvenz von allen EU-Staaten überhaupt. So verwundert es kaum jemanden, dass seit 2001 auch die Nachbarstaaten für eine Privatinsolvenz interessant wurden.

Lange Zeit stritten sich die EU-Gerichte darüber, ob die Privatinsolvenz in den EU-Mitgliedsländern anerkannt wird. Durch die allmähliche Angleichung der europaweiten Rechtssprechung und mehrerer EU-Richtlinien entschieden höchste Gerichte 2000, dass die Privatinsolvenz überall in Europa als gleichwertig anerkannt wird. Mit der Verordnung (EG) Nr. **1346/2000** des Rates vom 29. Mai 2000 über Insolvenzverfahren´ wurde die Situation erstmalig zu Gunsten des insolventen Schuldners geregelt. So hat der EU-Rat festgestellt, dass EU-Bürger nicht unbedingt an ihren Heimatstaat gebunden sind, wenn es um die Durchführung eines Insolvenzverfahrens geht. Dabei ist es egal, in welchem Staat die Insolvenz abgewickelt wurde. Mit BGH-Beschluss vom 18.09.2001 wurde einem Schuldner, der seinen Wohnsitz nach Frankreich verlegt hatte, zugestanden, dass die in Frankreich erlangte Restschuldbefreiung auch in Deutschland anzuerkennen ist.

Das hatte zur Folge, dass Länder **wie Frankreich** oder **England** einen wahren Boom an Privatinsolvenzen erlebten. Im Unterschied zu Deutschland beträgt in diesen Ländern die **Wohlfahrtsphase nur ein Jahr oder entfällt**.

Mittlerweile versucht Frankreich seine Privatinsolvenzvorschriften für Ausländer deutlich zu verschärfen. So bleiben als Alternative für mittellose Deutsche nur noch England, Spanien und Wales übrig. So einfach wie es sich aber anhört, ist die ganze Sache leider nicht. Doch urteilen Sie selbst.

Wir haben **umfangreiche Informationen** zur Privatinsolvenz in Frankreich, Spanien und England zusammen gestellt mit den **möglichen Kosten und den besten Internetadressen**, die bei einer Abwicklung helfen.

Voraussetzungen für Restschuldbefreiung im Ausland

In Frankreich kann also bereits nach einem Jahr die Restschuldbefreiung ausgesprochen werden, da eine Wohlverhaltensphase nicht existiert. Diese Restschuldbefreiung ist dann auch in Deutschland gültig. Ähnlich sieht es in Spanien, England und Wales aus. Doch welche Voraussetzungen sind nötig, damit das Insolvenzverfahren auch von deutschen Gerichten anerkannt wird?

Es müssen folgende Punkte erfüllt sein, damit die Anerkennung der ausländischen Restschuldbefreiung auch in Deutschland anerkannt wird:

> **Regelungen der Insolvenzordnung** (InsO) des anderen Staates, insbesondere in Bezug auf die Vermögensverwertung, müssen in den Grundsätzen der deutschen InsO **entsprechen**. Damit ist eine dort erteilte Restschuldbefreiung auch in Deutschland anzuerkennen.

> Die im Ausland geltenden **Fristen** zur Erlangung der Restschuldbefreiung brauchen **nicht** den relativ langen Fristen der deutschen InsO entsprechen.

> Das **Verfahren im Ausland** sollte den Regelungen der deutschen InsO in folgenden Punkten **ähnlich sein**: Das Verfahren im Ausland muss in **wesentlichen Punkten** mit dem deutschen vergleichbar sein. Eine internationale Anerkennungszuständigkeit sollte in dem Verfahren verankert sein und somit einen **Anspruch auf Auslandswirkung** besitzen.

> Grundsätzlich ist das ausländische Verfahren mit den deutschen Gesetzen im Groben **vereinbar**.

Das sind erst einmal die **Ansprüche der Gesetzesvorlagen**, damit Sie ein bestimmtes Land in Betracht ziehen können. Spitzenreiter sind, wie bereits erwähnt, **Spanien, England, Wales und Frankreich**, da hier die Anerkennung fast problemlos vor sich geht und die Abwicklungszeiten extrem kurz sind.

Trotzdem können Sie sich nicht einfach ummelden und los geht es. **Bestimmte persönliche Voraussetzungen** sollten Sie bei Ihrem Vorhaben und der Wahl des Landes beachten.

Schauen wir uns nun die Vor- und Nachteile einmal genauer an:

Land	Vorteile	Nachteile
Deutschland	- deutsche Sprache - Sozialleistungen - Klärungen einfacherer - Geeignet für jeden - Jobsuche einfacherer - Pfändungsfreibetrag ab 985 EUR	- bürokratischer Aufwand höher - lange Verfahrens- und Wohlfahrtszeiten - der Gläubiger steht im Vordergrund - ständige Rechenschaft über Job- oder Wohnungswechsel
Frankreich	- Entschuldung schon nach 12 Monaten - Schnelle Entschuldung steht im Vordergrund - Weniger Bürokratie - Geeignet für Angestellte - Agenturen, Büros u. Anwälte bieten Rund-um- Service zu günstigen Preisen an	- Sprachkenntnisse müssen vorhanden sein, um Arbeit, Wohnung, usw. zu finden - Keine Sozialleistungen - Klärungen kompliziert - Vor dem Antrag min. 2 Monate im Land leben - Nachweise erbringen für Dauerwohnsitz durch Telefon, Miete,

		Job - Startkapital eventuell erforderlich - Verfahrenskosten unbekannt - Pfändungsfreibetrag unbekannt
Spanien	- junges Verfahren - einfache Abwicklung - nach Verteilung der Insolvenzmasse endet Verfahren - Dauer max. 1 Jahr - weniger Bürokratie - rasche Abwicklung - eignet sich für Selbständige und Angestellte	- intensive Kenntnisse der Sprache - Startkapital eventuell erforderlich - Keine Sozialleistungen - 3 Monate vorher im Land leben - Daueraufenthalt nachweisen durch Gehaltseingang, Telefon, Miete, etc. - Nach Abschluss des Verfahrens dürfen 5 Jahre lang keine Schulden verursachten werden - Pfändungsgrenze unbekannt - Kosten unbekannt
England	- hervorragend geeignet für Selbständige und Freiberufler - spezialisierte Büros, Rechtsanwälte und Agenturen helfen zu günstigen Preisen - maximale Dauer 1 Jahr, dann Entschuldung - schnelle Abwicklung - kaum Bürokratie - Sie sind von der	- Daueraufenthalt muss nachgewiesen werden - event. Gründung einer Limited notwendig, dadurch Zusatzkosten - die Verfahrenskosten sind mitunter sehr unterschiedlich - Pfändungsfreibetrag - Startkapital erforderlich - gute Sprachkenntnisse dringend erforderlich - keine Sozialleistungen

	Einkommensteuer befreit	
Wales	- siehe England	- siehe England

Merkmale einer guten Agentur für ausländische Insolvenz

Unsere dringende **Empfehlung**, sollten Sie diesen Weg der Restschuldbefreiung wählen, suchen Sie sich eine gute Agentur, die Sie von Anfang bis zum Abschluss des Verfahrens bei allen Problemen im Ausland begleitet.

Da aber Verbraucherschützer berechtigt vor den schwarzen Schafen solcher Agenturen warnen, haben wir Ihnen die **Merkmale für gute Agenturen, Anwälte und Büros** zusammen gestellt.

> **Kostenlose und umfassende Erstberatung**, in welcher auch die finanziellen Aspekte genau besprochen werden.

> Es sollte **vor** Vertragsabschluss ein **fester Kostenplan** auf Grund des Schuldenvolumens, des Landes, der Lebenskosten und der dortigen Verfahrenskosten erstellt werden.

> Eine gute Agentur weist auf eventuelle **Risiken** hin und hilft bei der **Vermittlung** von Wohnung sowie einem Job.

> **Insolvenzstrategien** müssen **individuell** auf Sie abgestimmt sein.

> Gute Büros bauen für Sie einen gewissenhaften Plan auf, der auch **gerichtlichen Überprüfungen** standhält.

> Die Kosten der Agentur sollten **nicht 10 %** der Schulden übersteigen. Die Preise schwanken stark bei den verschiedenen Büros, manche veranschlagen sogar fünfstellige Beträge. Das ist bei weitem übertrieben.

> Eine gute Agentur erkennen Sie auch daran, wenn Ihnen **abgeraten** wird von der Auslandsinsolvenz. Der **Kosten-Nutzen-Faktor** muss bei den Überlegungen der ausländischen Privatinsolvenz berücksichtigt werden.

> Stellt die Agentur Ihnen unvoreingenommen die **Vor- und Nachteile beider Insolvenzmöglichkeiten samt Kosten** vor und überlässt Ihnen die Wahl, dann handelt es sich um eine der besten Agenturen.

> Lassen Sie sich unbedingt eine **Dienstleistungsbeschreibung sowie eine Produkt- und Preisliste** des Unternehmens geben. Normalerweise wird Ihnen diese ungefragt bei dem Erstgespräch ausgehändigt. Die Leistungen müssen umfassend und genau beschrieben sein. Schwammige Aussagen wie „Hilfe bei der Vermittlung" zeigt Ihnen, dass das Büro entweder neu oder eines der schwarzen Schafe ist. Besser sind exakte Aussagen wie

„Hilfe bei der Vermittlung einer Wohnung, Unterstützung bei den Gerichten".

> Fragen Sie nach, ob **vor Ort im Ausland eine Zweigstelle der Agentur existiert bzw. ein Ansprechpartner**. Das stellt ein wichtiges Kriterium für ein gutes Büro dar. Immerhin müssen Sie auch mit eventuellen Problemen rechnen und dann ist es gut, wenn Sie sich direkt an einen Stellvertreter der Agentur wenden können.

> Das **Einräumen einer Bedenkzeit** von mindestens 14 Tagen muss für ein gutes Büro selbstverständlich sein. Viele der schwarzen Schafe unter diesen Vermittlern drängen auf einen sofortigen Vertragsabschluss. Gehen Sie nicht darauf ein und streichen Sie die Agentur von Ihrer Liste.

> Lassen Sie sich den **Vertrag vorab vorlegen** und lesen Sie ihn zu Hause genau durch, besonders das **Kleingedruckte und die AGBs**.

Wir haben die PR-Reaktionen sowie Nutzermeinungen über die führenden Agenturen verglichen und stellen nun die besten Büros für die Abwicklung ausländischer Privatinsolvenzen vor.

Eine der besten Agenturen, die wir fanden, ist in England ansässig und verfügt über sehr gute Bewertungen von Nutzern. Unter **www.insolvenz-agentur.com** finden Sie eine ausführliche

Beschreibung der Dienstleistungen, den bisher gemachten Erfahrungen und Ihren Perspektiven. Als Lebensmittelpunkt für Sie wird die Grafschaft Kent angeboten, wo sich auch die Agentur befindet. Die Erstberatung ist kostenlos und die Beratung geht vom Arbeitsmarkt in Kent aus.

Insolvenz Agentur
PO Box 139
Howbury Park, Erith, Kent
DA8 9BP, UK

T. +44 (0) 208 150 3388
F. +44 (0) 845 058 2546
M. +44 (0) 750 500 8523
Email: dialog@insolvenz-agentur.com
ICQ 374644991

Firmenwelten Limited bietet die professionelle Betreuung bei Privatinsolvenzen von Selbständigen und Freiberuflern in Frankreich und England an. Spezialisten der Agentur sind jeweils vor Ort vorhanden und helfen schnell wie unbürokratisch bei auftretenden Problemen. Firmenwelten ist das **einzige DIN-zertifizierte Unternehmen** für die Gründung und Führung der Limited in Deutschland (PAS 1079). Ein 24Stunden-Service rundet das umfangreiche Angebot ab.

Firmenwelten Limited
Isingdorfer Bruch 7-11
33824 Werther
Tel. **05203/918769-0**
E-Mail: **kontakt(at)firmenwelten.de**

(schreiben Sie tatsächlich das at in Klammern, so wird bei
firmenwelten der Spam sortiert)

www.firmenwelten.de

Geplante Veränderungen des deutschen Insolvenzverfahrens

Der bisherige Verbraucherkonkurs gilt seit 1999. Nach den Vorstellungen der Bundesregierung soll frühestens nächsten Sommer folgende **gestraffte Regelung** greifen:

Ist vom Schuldner wirklich nichts zu holen, wird auf das gerichtliche Insolvenzverfahren verzichtet. Ist der Betroffene absolut zahlungsunfähig, wird der Antrag auf Eröffnung des Verfahrens mangels Masse abgewiesen. Er muss aber unter Eid versichern, dass seine Angaben zur Vermögenslage richtig waren. Dann beginnt für ihn **sofort** die Wohlverhaltensphase von sechs Jahren.

Das neue Verfahren bedeutet zugleich **weniger Kosten**. In erster Linie kommt das den Justizkassen zugute. Laut Zypries sparen so die Bundesländer etwa 150 Millionen Euro an Verwaltungskosten pro Jahr ein.

Für den Schuldner dagegen wird es in Bezug auf die **Kosten härter**. Er muss künftig zu Beginn der Prozedur 25 Euro ans Gericht zahlen und dann monatlich 13 Euro während der gesamten Wohlverhaltensphase. Fließt kein Geld, wird das gesamte Verfahren abgebrochen und es erfolgt keine Restschuldbefreiung.

Schuldenabbau und Einsparpotential

Wir haben bisher viel über die Möglichkeiten und Verfahrensweisen gesprochen, die bei Schulden auftreten. Nun möchten wir Ihnen Einsparmöglichkeiten aufzeigen, die beim Schuldenabbau helfen können.

Grundlegendes

Sobald Sie sich mit dem Thema Schulden beschäftigen, haben Sie erkannt, dass die Schulden zu einem Problem in Ihrem Leben werden. Das ist schon der **erste wichtige Schritt** zum Schuldenabbau.

Fertigen Sie als nächstes einen **Haushaltsplan** an und holen Sie alle Familienmitglieder dazu an den Tisch. Es muss wirklich **jeder Posten an Ausgaben** aufgeschrieben werden. Danach beraten Sie gemeinsam, **wo eingespart** werden kann. Hier einige Möglichkeiten:

- ✓ Wechseln Sie Ihren **Handytarif**, am besten bietet sich ein Prepaidtarif an.

- ✓ Bei einem **Wechsel der Stromanbieter** können Sie bis zu 300 EUR im Jahr sparen.

- ✓ Überprüfen Sie Ihre **Versicherungen** nach dem Gesichtspunkt „Preis-Leistungsverhältnis" und ob Sie die Versicherung wirklich benötigen. Ein Wechsel des Anbieters hilft sparen.

- ✓ Überlegen Sie, welche **Vereine** tatsächlich notwendig sind. Manche Sportzentren schlucken Jahresgebühren in drei- bis vierstelligen Bereichen.

- ✓ Einige Wege lassen sich auch zu Fuß oder mit dem **Fahrrad** zurücklegen statt mit dem Auto. Das schont die Umwelt, Sie tun etwas für die Gesundheit und sparen gleichzeitig Benzinkosten ein.

- ✓ Eventuell sollten Sie darüber nachdenken, ob nicht ein **Umzug** in eine kostengünstigere Wohnung angebracht wäre.

- ✓ **Teuere Hobbys** sollten erst einmal ruhen bleiben.

- ✓ Denken Sie nach, ob es sich nicht lohnt, eine **Zweitbeschäftigung** aufzunehmen. Vielleicht haben Sie auch ein kreatives Talent, das Sie jetzt als Zweitjob ausprobieren sollten.

- ✓ **Designerkleidung** ist allgemein kaum noch von **No-Name-Kleidung** zu unterscheiden. Höchstens am Etikett und wer sieht das schon? Der Preisunterschied ist aber gewaltig.

- ✓ Zeigen Sie der **Werbung** neuer Produkte die kalte Schulter. Werbung ist zwar interessant, aber sie verleitet zu teuren Einkäufen. Bestellen Sie lieber eine Probe, diese ist meist kostenfrei und Sie können sich ein Urteil bilden.

✓ Nutzen Sie **Discounterwerbung** zum Preisvergleich. Dabei können Sie bis zu 30 % sparen.

✓ **Preisvergleiche** im Internet können unglaublich sparen helfen.

✓ Gehen Sie **nie hungrig und ohne Einkaufsliste** einkaufen. Das verleitet nur zu sinnlosen Einkäufen.

An der Miete, Strom und den Lebensmitteln sollte auf keinen Fall gespart werden. Haben Sie bisher Ihre Lebensmittel aber in Feinkostgeschäften gekauft, dann sind Aldi und Co. oft eine gute Alternative, um Einsparpotentiale frei zu setzen.

Nun stellen Sie einen aktuellen **Schuldenplan** auf. Erfassen Sie alle möglichen Schulden und nutzen Sie unsere Mustervorlagen für Ratenvereinbarungen, Stundungen, usw. Aber übernehmen Sie sich nicht. Ein **kleines Sparpolster** sollte monatlich immer übrig bleiben.

Schämen Sie sich nicht und nehmen Sie **soziale Leistungen** in Anspruch. Schauen Sie einfach in unserer Checkliste nach, ob Sie alles beantragt haben.

➢ **Kindergeld** - Familienkasse (bei der Arbeitsagentur)
➢ **Kindergeldzuschuss** – Familienkasse
➢ **Arbeitslosengeld I** – Arbeitsagentur

- **Arbeitslosengeld II (Hartz IV)** – Arbeitsgemeinschaft ArGe
- **Wohngeld** – Landkreis oder Bürgerbüro
- **Renten** – Rentenberater im Landkreis oder Bürgerbüro
- **Sozialhilfe** – Sozialamt der Landkreise und Städte
- **Pflegegeld** – eigene Krankenkasse
- **Grundsicherung** – Arbeitsgemeinschaft ArGe
- **Halb- und Waisenrente** – Rentenberater des Landkreises oder Bürgerbüros
- **Berufsausbildungsbeihilfe BAB** – Arbeitsagentur
- **BAföG** – Amt für Ausbildungsförderung

Beratungsstellen

Neben den **Verbraucherzentralen** helfen Ihnen die Kommunen weiter. Die Sozialämter in Gemeinden, Städten und Landkreisen bieten mittlerweile eine kostenlose Schuldnerberatung an.

Anlaufstellen sind auch Wohlfahrtsorganisationen wie:

- **der Deutsche Caritasverband,**
- **das Diakonische Werk der Evangelischen Kirche in Deutschland,**
- **das Deutsche Rote Kreuz,**
- **der Deutsche Paritätische Wohlfahrtsverband**
- **bzw. die Arbeiterwohlfahrt (AWO).**

Adressen und Telefonnummern von Beratungsstellen erhält man im Internet unter **www.meine-schulden.de**. Auch unter **www.forum-schuldnerberatung.de** sich über das Eintippen der Postleitzahl eine geeignete Beratung in der Nähe finden.

Auch Anwälte, Notare oder Steuerberater dürfen beraten. Ihre Hilfe kostet jedoch Geld. Beim Amtsgericht kann ein Beratungshilfeschein beantragt werden. Damit werden oft aber nur die Kosten für den außergerichtlichen Einigungsversuch abgedeckt.

Finger weg von angeblicher „Soforthilfe"

Entsprechende Angebote in Kleinanzeigen oder im Internet sollten gemieden werden, warnen Verbraucherschützer.

Zu Recht, windige Geschäftemacher versuchen, aus der Not überschuldeter Menschen Kapital zu schlagen. Finanzsanierungen, Kredite ohne SCHUFA und gewerbliche Schuldensanierer versprechen großartige Soforthilfe, doch letztlich werden die Hoffnungen nur enttäuscht und noch mehr Kosten verursacht.

Eine schnelle Hilfe gibt es aber nicht. Am Ende stehen die Betroffenen nur mit neuen Schulden da. Eine Checkliste zum Erkennen unseriöser Offerten ist zu finden unter www.forum-schuldnerberatung.de. .

Sammlung von Musteranschreiben:

Beispiel für eine Selbstauskunft:

Absender:

Selbstauskunft

Familienstand: Anzahl d. Kinder:

Beruf: Arbeitgeber:

Lohn/Gehalt...Summe in EUR

Miete warm... ... .Summe in EUR
Strom...Summe in EUR
Werbekosten.......................................Summe in EUR
(Werbekosten sind beispielsweise die Fahrten zur Arbeit.)

Vermögenswerte....................................Summe in EUR
*(Vermögenswerte sind Kunstgegenstände, Sparguthaben über
1.750,00 EUR, Kapitallebensversicherung, Grundstücke,
Immobilien, Schmuck oder Sammlerwerte über einem
Verkaufswert 10%, wertvolle Hausratgegenstände, KFZs über
einem Wert von 4.800 EUR)*
Liegt eine Aufforderung zur Vermögensoffenbarung vor?
Ja / Nein

Wurde in den letzten 3 Jahren ein Antrag auf
Vermögensoffenbarung gegen Sie gestellt oder die
Vermögensoffenbarung durch Sie vorgenommen?
Ja / Nein
*(Hier handelt es sich um den frühren Offenbarungseid oder heute
die eidesstattliche Versicherung.)*

Nun wird die Selbstauskunft unterschrieben mit Ort
und Datum.

Beispiel für einen Haushaltsplan:

Einnahmen:	Ausgaben:
Lohn/Gehalt:	Miete:
Kindergeld:	Strom:
Pflegegeld:	Heizung:
Rente:	Wasser:
Einkünfte aus Gewerbe:	Telefon:
	Handy:
	Raten-vereinbarungen:
	Essengeld:
	Kindergarten-beitrag:
	Versicherungen:
	Lebensmittel:
	Tanken:
	Kleidung:
	Sonstiges:
Summe:	Summe:

Ratenzahlungsangebot

Absender: Name, Vorname
Strasse/ Hausnummer
Postleitzahl/ Ort
Telefon / Datum des Schreibens

An (Name oder Firma des Gläubigers)
Strasse/ Hausnummer
PLZ / Ort

Aktenzeichen oder Rechnungsnummer immer angeben

Betreff: Angebot für eine Ratenzahlung

Sehr geehrte Damen und Herren,

leider ist es mir aus persönlichen (oder **wirtschaftlichen** – das ist abhängig von dem Umstand, der das Geldproblem ausgelöst hat. Eine plötzliche Krankheit ist ein persönlicher Grund, Arbeitslosigkeit dagegen ist ein wirtschaftlicher Grund.) **Gründen nicht möglich, den gesamten Rechnungsbetrag an Sie zu überweisen. Ich biete Ihnen aber einen Ratenvertrag an.**

Ab dem (tragen Sie nun das Datum ein, ab dem Sie die Rate aufbringen können. Es sollte aber nicht weiter als drei Monate ab dem Datum des Schreibens liegen.) **01.12. 2009 könnte ich Ihnen monatlich einen Betrag von** (jetzt geben Sie die monatliche Rate an) **50 EUR per Dauerauftrag überweisen. Das würde eine Laufzeit von** (hier die Anzahl der errechneten Monate eintragen) **12 Monaten bedeuten.**

Eine aktuelle Selbstauskunft habe ich Ihnen beigefügt. Wie Sie daraus ersehen können,

entspricht die angebotene monatliche Rate meinem Nettoeinkommen. (Die Selbstauskunft zeigt Ihrem Gläubiger, wie es um Ihre Ein- und Ausgaben bestellt ist. Gleichzeitig verzichten die meisten Gläubiger auf das Betreiben des gerichtlichen Mahnverfahrens nach dem Vorliegen der Selbstauskunft und der Ratenvereinbarung. Denn mit dem Offenbaren Ihrer Vermögens- und Einkommensverhältnisse hat der Gläubiger einen Überblick, ob die Höhe der Raten gerechtfertigt ist.)

Ihre Antwort erwarte ich bis zum ...... (hier gehört das Datum hinein, bis zu welchem Sie die Rückantwort erwarten. Normal sind 14 Tage bis 4 Wochen.)

Mit freundlichem Gruß

Unterschrift

Beispiel für eine **Stundungsanfrage** bei Schulden haben wir als nächstes vorbereitet.

Absender: Name, Vorname
Strasse/ Hausnummer
Postleitzahl/ Ort
Telefon / Datum des Schreibens

An (Name oder Firma des Gläubigers)
Strasse/ Hausnummer
PLZ / Ort

Aktenzeichen oder Rechnungsnummer immer angeben

Bitte um Stundung

Aktenzeichen:

Sehr geehrte Damen und Herren,

mir ist es derzeit nicht möglich, Ihnen eine Ratenzahlung anzubieten. Ich beziehe ein monatliches Einkommen von … EUR, von dem ich meine notwendigsten Ausgaben bestreiten muss. Als Nachweis lege ich Ihnen meine aktuelle Selbstauskunft bei.

Um die Kosten und Zinsen nicht weiter auflaufen zu lassen, möchte ich Sie bitten, für die Dauer von drei Monaten von Vollstreckungsmaßnahmen abzusehen und einer zins- und kostenfreien Stundung zu zustimmen. Innerhalb der nächsten drei Monate erhalte ich von der Familienkasse… (Name / Ort) eine Nachzahlung in Höhe von … EUR. Den Bescheid (oder einen Nachweis der Antragsstellung) lege ich ebenfalls bei.

Mit freundlichen Grüßen

(Ort, Datum, Unterschrift)

Forderungsverzicht

Absender: Name, Vorname
Strasse/ Hausnummer
Postleitzahl/ Ort
Telefon / Datum des Schreibens

An (Name oder Firma des Gläubigers)
Strasse/ Hausnummer
PLZ / Ort
Aktenzeichen immer angeben

Antrag auf Forderungsverzicht

Sehr geehrte Damen und Herren,

unter dem oben genannten Aktenzeichen habe ich eine
Schuld bei Ihnen in Höhe von … EUR. Eine Ratenzahlung
oder die Zahlung eines Teilbetrages ist mir leider auch in
Zukunft nicht möglich, da ich seit dem …. (Beginn der
Krankheit) schwer erkrankt bin an … (Name der
Krankheit). Wie Sie den beigelegten Nachweisen
entnehmen können, ist eine Besserung meines
Gesundheitszustandes in nächster Zeit nicht zu
erwarten. Das bedeutet, dass sich mein Einkommen
drastisch verschlechtert hat. Aufgrund meiner Krankheit
werde ich dauerhaft erwerbsunfähig sein, sodass eine
Einkommensverbesserung – auch langfristig gesehen –
nicht zu erwarten ist.
Ich bitte Sie daher um die Ausbuchung und somit den
Verzicht Ihrer Forderung. Zur Glaubhaftmachung meiner
Angaben sende ich Ihnen meinen aktuellen
Einkommensnachweis wie die Nachweise zu meiner
Krankheit und der Antragstellung auf
Erwerbsunfähigkeitsrente bei der Rentenkasse zu.
Vielen Dank für Ihr Verständnis.

Unterschrift

Teilverzicht mit Ratenangebot

Absender: Name, Vorname
Strasse/ Hausnummer
Postleitzahl/ Ort
Telefon / Datum des Schreibens

An (Name oder Firma des Gläubigers)
Strasse/ Hausnummer
PLZ / Ort
Aktenzeichen (immer angeben!)

Antrag auf Teilverzicht mit Ratenangebot

Sehr verehrte Damen, sehr geehrte Herren,

unter dem o. g. Aktenzeichen wird der bisherige
Schriftverkehr geführt.
Meine wirtschaftliche Situation hat sich in den letzten
Monaten durch meine Krankheit (den entsprechenden
Grund eintragen) derart verschlechtert, dass es mir
momentan nicht möglich ist, die ausstehende
Gesamtsumme von … € in einem Betrag zu zahlen.

Deshalb unterbreite ich Ihnen den nachfolgenden
Vorschlag:
Ich könnte Ihnen ab dem 01.01.2010 (das Datum der
ersten Ratenzahlung eintragen) in vier Monatsraten zu je
…. EUR auf die Schuldsumme zahlen. Dafür verzichten
Sie auf die angelaufenen Mahn-, Inkassogebühren in
Höhe von … EUR. Über die Raten würde ich einen
Dauerauftrag einrichten.
Ich danke Ihnen für Ihr Entgegenkommen schon im
Voraus.

Mit freundlichem Gruß

Unterschrift

148

Allgemeiner Widerspruch wegen bereits erfolgter Bezahlung

Diesen Widerspruch können Sie verwenden, wenn die geforderte Leistung bereits gezahlt wurde.

Absender:
Name:....................
Strasse:...................
PLZ/Ort:..................
Datum:.............Aktenzeichen:...................

An:
Gericht:...............(das entsprechende Amtsgericht)
zu Händen:.........(Ansprechpartner)
Strasse:................................
PLZ/Ort:................................

Widerspruch
gegen den Mahnbescheid vom ....

Sehr geehrte Damen und Herren,

gegen Ihren Mahnbescheid vom ... lege ich hiermit Widerspruch im vollen Umfang ein.
Den von Ihnen geforderten Betrag habe ich bereits am ...(Datum der Überweisung oder Bezahlung) bezahlt. Den Nachweis darüber lege ich Ihnen in Kopie meiner Überweisung bzw. Quittung bei. Ihre Mitteilung über die Rücknahme des Mahnbescheides erwarte ich innerhalb von 14 Tagen nach Zugang meines Schreibens an Sie.

Mit freundlichem Gruß

Unterschrift.....................

Widerspruch gegen einen Mahnbescheid wegen nicht erbrachter (oder nicht geforderter) Leistung

Diesen Widerspruch eignet sich, wenn Sie mit dem Widerspruchsformular des Gerichtes nicht klar kommen. Hier handelt es sich um eine Forderung, bei welcher aber weder die Leistung erhalten oder bestellt wurde.

Absender:
Datum:..............
Aktenzeichen:...................

An:
Gericht:...
zu Händen:.........(Ansprechpartner)
Strasse:................................
PLZ/Ort:...............................

Widerspruch
gegen den Mahnbescheid vom ....

Sehr geehrte Damen und Herren,

gegen Ihren Mahnbescheid vom ... lege ich hiermit Widerspruch im vollen Umfang ein.

(1. Dabei beziehe ich mich auf § 241a Satz 1 BGB wegen nicht bestellter Leistung. Es ist also kein Vertrag zustande gekommen. Deshalb beantrage ich die Abweisung des Mahnbescheides.) oder
(2. Ich beziehe mich auf nicht erbrachte Leistungen. Es ist also kein Vertrag im Sinne des § 433 – 453 BGB zustande gekommen.)
Der Mahnbescheid ist somit abzuweisen.

Mit freundlichem Gruß

Unterschrift.....................

Widerspruch gegen einen Teil des Mahnbescheides

Wenden Sie sich nur gegen einen Teil des Mahnbescheides, dann widersprechen Sie trotzdem der Gesamtsumme. Dafür eignet sich folgender Widerspruch.

Absender: .....

Datum:.............Aktenzeichen:.................

An:
Gericht:...
zu Händen:.........(Ansprechpartner)

Widerspruch

gegen den Mahnbescheid vom ....

Sehr geehrte Damen und Herren,

gegen Ihren Mahnbescheid vom ... lege ich hiermit gegen die geforderte Gesamtsumme Widerspruch ein.

Am ...(Datum der Überweisung) überwies ich bereits eine Teilsumme von ...nachgewiesen durch beigelegte Kopie der Überweisung. Somit ist die Berechnung der Zinsen nicht richtig, ebenso wie die geforderte Summe.
Ich beantrage die Richtigstellung des Mahnbescheides.
Mit freundlichem Gruß

Unterschrift

Widerspruch gegen einen Mahnbescheid wegen Minderung

Haben Sie eine Minderung beantragt bzw. vorgenommen bei dem Gläubiger, weil die Ware schadhaft war, dann legen Sie dieses Schreiben in Kopie bei und senden Sie folgendes Schreiben an das betreffende Amtsgericht:

Absender: …..

Datum:…………..Aktenzeichen:………………

An:
Gericht:…
zu Händen:………(Ansprechpartner)

Widerspruch

gegen den Mahnbescheid vom ……..

Sehr geehrte Damen und Herren,

hiermit lege ich Widerspruch gegen einen Teil des Mahnbescheides ein.

Da die Ware schadhaft war, habe ich eine Minderung in Höhe von … Euro vorgenommen. Der restliche Kaufpreis wurde von mir am … bezahlt (Kopie der Überweisung liegt diesem Schreiben bei). Den Gläubiger habe ich am … darauf hingewiesen (Kopie des Schreibens ist beigelegt).
Ich beantrage die Abweisung des Mahnbescheides.

Mit freundlichem Gruß

Unterschrift

Sie können unseren **formlosen Einspruch gegen den Vollstreckungsbescheid** verwenden.

Absender: Name, Vorname
Strasse/ Hausnummer
Postleitzahl/ Ort
Telefon / Datum des Schreibens

An Amtsgericht … (das zuständige Amtsgericht entnehmen Sie dem Vollstreckungsbescheid)
Strasse/ Hausnummer
PLZ / Ort
Aktenzeichen des Gerichts (immer angeben!)

Einspruch gegen den Vollstreckungsbescheid vom …. (das Datum ist ebenfalls dem Bescheid zu finden) **zugestellt am …** (das ist Datum, welches der Postbote auf den gelben Umschlag einträgt)

Sehr geehrte Damen und Herren,

hiermit lege ich fristgerecht Einspruch gegen den Vollstreckungsbescheid der Firma … (Ihr Gläubiger mit Adresse) ein.

Mit freundlichem Gruß

Unterschrift

Antrag auf Wiedereinsetzung des Verfahrens

Absender: Name, Vorname, Strasse/ Hausnummer
Postleitzahl/ Ort, Telefon / Datum des Schreibens

An Amtsgericht … (das zuständige Amtsgericht entnehmen Sie dem Vollstreckungsbescheid)
Strasse/ Hausnummer
PLZ / Ort
Aktenzeichen des Gerichts (immer angeben!)

Antrag auf Wiedereinsetzung des Verfahrens gegen den Vollstreckungsbescheid vom …. (das Datum ist ebenfalls dem Bescheid zu finden) **zugestellt am …** (das ist Datum, welches der Postbote auf den gelben Umschlag einträgt) **nach § 233, § 236 ZPO und nach § 32 Abs. 1 und 2 VwVfG**

Sehr geehrte Damen und Herren,

ich stelle hiermit den Antrag auf Wiedereinsetzung des o. g. Vollstreckungsverfahrens wegen … (hier fügen Sie den jeweiligen Grund an wie Unwirksamkeit der Zustellung / Krankheit / dauerhafte Abwesenheit aus beruflichen Gründen / Kur / Urlaub oder sonstiges).
Begründung: Ich war vom … bis … (tragen Sie nun das Datum Ihrer Abwesenheit ein) in …. (Ort). /(oder) Die Zustellung war unwirksam, da ich bereits am … (Tag der Ummeldung) umgezogen war.
Als Nachweis lege ich … (Nachweis aufführen) dem Antrag bei. Deshalb konnte ich den Einspruch gegen den Vollstreckungsbescheid nicht wahrnehmen. Da es sich um eine unberechtigte Forderung handelt und ich unverschuldet die Frist zum Einspruch versäumt habe, beantrage ich die Wiedereinsetzung nach den o.g. Paragraphen.

Mit freundlichem Gruß   Unterschrift

Antrag auf Kontofreigabe gem. § 850k ZPO

Absender:

An: Amtsgericht oder Behörde ….

Pfändungsschutz für Gehaltskonto gemäß § 850k ZPO
Mein Konto Nr. … bei der …..(Name der Bank) ist durch die
Pfändungsbeschluss des Gläubigers…(Name oder Firma),
vertreten durch Kanzlei (Anschrift und Telefonnummer)
Pfändungs-Az.: **(ganz wichtig!)** gepfändet.
Ich beantrage hiermit:

2. die Pfändung in Höhe des unpfändbaren Anteils meiner
   laufenden Einkünfte gem. § 850 k ZPO aufzuheben,
3. die Auszahlung des anteiligen unpfändbaren Betrages in
   Höhe von … € (Pfändungsfreibetrag) anzuordnen und die
   Vollstreckung einstweilen einzustellen.

Begründung

o (Möglichkeit1 – wenn Sie bereits eine Lohnpfändung haben)
  Wie der beiliegenden Lohnbescheinigung zu entnehmen ist,
  wird mein laufendes Einkommen bereits „an der Quelle" bei
  meinem Arbeitgeber, gepfändet, so dass ohnehin nur der
  unpfändbare Anteil in Höhe von derzeit …EUR gemäß § 850
  c ZPO auf meinem gepfändeten Konto gutgeschrieben wird.
  Meine Ehefrau ist hat keinerlei Einkommen, außerdem bin
  ich unterhaltspflichtig für …(Anzahl) Kinder.

o (Möglichkeit 2 – es handelt sich um eine reine
  Kontopfändung) Für den laufenden Monat hat mir der
  unpfändbare Anteil für den Zeitraum zwischen Pfändungs-
  und nächstem Zahlungstermin zu verbleiben. Nach
  Mitteilung der Bank wurde ihr der Pfändungsbeschluss am
  …(Datum) zugestellt. Mein Gehalt wird jeweils am 27./28.
  des Monats gezahlt. Daher beantrage ich, die Pfändung im
  laufenden Monat anteilig in Höhe von …€ aufzuheben und
  mir als Existenzminimum umgehend auszuzahlen.

Ohne die sofortige Freigabe dieses anteiligen unpfändbaren
Betrages kann ich Lebensunterhalt, Miete, Energie usw. nicht
sicherstellen, da ich derzeit über keine weiteren Mittel mehr
verfüge. Bitte unterrichten Sie auch die Bank vorab telefonisch.

Ort, Datum   Unterschrift

Oder Beispiel 2:

Absender:

Amtsgericht:
- Vollstreckungsgericht -

Antrag auf Freigabe des unpfändbaren Betrages gem. § 850 k ZPO

Geschäftsnummer: (Aktenzeichen des Pfändungs- und Überweisungsbeschlusses)

Sehr geehrte Damen und Herren,

meinem Kreditinstitut... liegt ein von meinem Gläubiger erwirkter Pfändungs- und Überweisungsbeschluss vor.
Ich beantrage hiermit, die vorliegende Pfändung meines Kontos insoweit aufzuheben, als dass es sich um pfändungsfreies Einkommen handelt. Wie Sie der beigefügten Abrechnung entnehmen können, beziehe ich ein monatliches Einkommen in Höhe von ...€. Da ich   Person/en unterhaltsverpflichtet bin, benötige ich den pfändungsfreien Betrag, um den notwendigen Lebensunterhalt von mir bzw. meiner Familie sicherzustellen.

Bis zur Entscheidung beantrage ich die einstweilige Einstellung der Zwangsvollstreckung. Sofern möglich, bitte ich Sie zudem um telefonische Unterrichtung des Kreditinstitutes... (Telefon/ Ansprechpartner) über die Höhe des voraussichtlichen Freibetrages. Im Übrigen beantrage ich, dass der pfändungsfreie Betrag der künftigen Monatsgehälter für pfandfrei erklärt wird.
Zur Glaubhaftmachung meiner Angaben füge ich Ihnen die Nachweise über meine Einkommensverhältnisse bzw. die meiner Familie bei.
Mit freundlichen Grüßen

(Ort, Datum, Unterschrift)
Anlagen: Pfändungs- und Überweisungsbeschluss, Einkommensnachweise, Nachweise über die notwendigen Ausgaben, Angaben über das Kreditinstitut

Antrag auf Erhöhung des unpfändbaren Betrages gem. § 850f Abs. 1 ZPO

Es besteht die Möglichkeit, den unpfändbaren Betrag des Arbeitseinkommens unter besonderen Umständen höher setzen zu lassen.

Absender: ….
An das Amtsgericht….
in der Vollstreckungssache (Aktenzeichen bei Gericht angeben):
…
beantrage ich:
1. den unpfändbaren Betrag angemessen zu erhöhen, so dass der notwendige Lebensunterhalt im Sinne des SGB II/XII gedeckt ist (§ 850 f Abs. 1 a ZPO)
2. die Vollstreckung in Höhe des Differenzbetrages einstweilen einzustellen.

Gründe:
Meinem Arbeitgeber/dem Sozialleistungsträger liegen die oben genannten Pfändungs- und Überweisungsbeschlüsse vor. Nach Abzug des gem. § 850 c ZPO pfändbaren Betrages verbleiben mir von meinem Einkommen monatlich € …
Wie Sie der beigefügten Berechnung entnehmen können, beträgt aber mein notwendiger Lebensunterhalt € …
Durch die Pfändung meines Arbeitslohnes/meiner Sozialleistung bis auf die Pfändungsfreigrenze ist somit der Lebensunterhalt für mich und meine Familie nicht mehr gewährleistet. Ich beantrage daher, mir gem. § 850 f Abs. 1 a ZPO einen zusätzlichen pfandfreien Betrag in Höhe der Differenz zwischen dem unpfändbaren Einkommen nach § 850c ZPO und unserem notwendigen Unterhalt nach SGB II/XII zu belassen.
Da mir bis zur Entscheidung über den obigen Antrag keine ausreichenden Mittel für den laufenden Lebensunterhalt zur Verfügung stehen, beantrage ich weiterhin, die Zwangsvollstreckung in Höhe des Differenzbetrages einstweilen einzustellen.
Mit freundlichen Grüßen

(Unterschrift)

Drittwiderspruchsklage nach § 771 (bzw. § 772, § 773, § 774) ZPO

Absender: ...(Absender ist der Eigentümer des gepfändeten Gegenstandes)

An das Amtsgericht ...(Adresse)

Drittwiderspruchsklage nach § 771 (oder § 772/§ 773/§ 774) **ZPOund Antrag auf Einstellung der Zwangsvollstreckung**

...(Name und Adresse des Eigentümers des gepfändeten Gegenstandes) als Kläger,

gegen

....(Name und Adresse des Gläubigers, der die Pfändung veranlasst hat) als Beklagter,

wegen: Unzulässigkeit der Zwangsvollstreckung und einstweiliger Einstellung der Zwangsvollstreckung.

Gegenstandswert: ... (geben Sie den Zeitwert des gepfändeten Gegenstandes an)

Ich erhebe Klage und beantrage die Zwangsvollstreckung aus dem Urteil des Amtsgerichts Münster vom ... (Datum des Vollstreckungsbescheides) unter Aktenzeichen...(Az. des Bescheides) - in den Gegenstand ...(Bezeichnung des gepfändeten Gegenstandes) mit der Pfändung vom ... (Datum der Pfändung) durch GV ...(Name des Gerichtsvollziehers), Aktenzeichen: ... Aktenzeichen des Gerichtsvollziehers angeben) für unzulässig zu erklären.

Vorab wird beantragt,
die Zwangsvollstreckung in den ...(Bezeichnung des gepfändeten Gegenstandes) einstweilen bis zur Entscheidung der Klage ohne Sicherheitsleistung einzustellen.
Begründung:

158

Der Beklagte erwirkte gegen den Schuldner ... (Namen des Schuldners, gegen die Pfändung ergangen ist), das im Klageantrage bezeichnete Urteil des Amtsgerichts...(Ort des Amtsgerichts, dass den Vollstreckungsbescheid erlassen hat).

Beweis: Beiziehung der Akte des Amtsgerichtes...(Ort) unter Aktenzeichen...(Aktenzeichen des Vollstreckungsbescheides, auf Grund dessen die Pfändung vorgenommen wurde).

Dieses Urteil wurde rechtskräftig. Der Beklagte beauftragte ... (Namen und Anschrift des bearbeitenden Gerichtsvollziehers).
Die Vollstreckung ist nicht zulässig, da der Gegenstand nicht im Eigentum des Schuldners steht. Der Gegenstand ist Eigentum der Klägerin.

Beweis: ...(Quittungen, Ratenvereinbarungen, Kaufvertrag)
Glaubhaftmachung: Eidesstattliche Versicherung der Klägerin anbei.
Beglaubigte und einfache Abschriften liegen bei.

Unterschrift

Vollstreckungserinnerung nach § 766 ZPO

Absender: …

An das Amtsgericht…

Vollstreckungserinnerung nach § 766 ZPO

In der Zwangsvollstreckungssache,

Aktenzeichen des Gerichts: …
Aktenzeichen des Gerichtsvollziehers: …
des Gläubigers …(Name und Adresse)
vertreten durch Verfahrensbevollmächtigter… (falls ein
Rechtsanwalt der Ansprechpartner ist, dessen Adresse und
Namen eintragen)

gegen

Schuldner/in …(tragen Sie ihren Namen und Adresse ein)

Hiermit beantrage ich die vom Gerichtsvollzieher …(Name und
Anschrift) in … (Wohnort des Schuldners) am … (Datum der
Pfändung) bei dem Schuldner unter dem Aktenzeichen
…(Aktenzeichen des Gerichtsvollziehers) vorgenommene
Pfändung eines … (Gegenstand bezeichnen) für unzulässig zu
erklären und den Gerichtsvollzieher anzuweisen die Pfändung
aufzuheben.

Begründung:

(1.Möglichkeit) Bei dem Pfandgegenstand handelt es sich um
einen Gegenstand, welcher nach § 811 ZPO unpfändbar ist.

(2.Möglichkeit) Der Verhältnismäßigkeitsgrundsatz nach § 803
Abs. 2 ZPO wurde nicht eingehalten. Der Pfandgegenstand
deckt nicht die Gesamtkosten der Pfändung.

(3. Möglichkeit) Der oben genannte Gerichtsvollzieher hat
weitaus mehr gepfändet, als es zur Deckung der Gesamtkosten

160

erforderlich wäre nach § 803 Abs.1 ZPO. Ich fordere die Herausgabe der Gegenstände...(Aufzählung).

(4. Möglichkeit) Der Gerichtsvollzieher, Herr..., überschritt seine Befugnisse, indem er sich weder korrekt auswies nach § 8 GVO und mir die Einsicht in den Pfändungsauftrag nach § 60 Abs. 1 GVO verweigerte. Somit wies die Pfändung Verfahrensfehler auf nach § 139 und § 295 ZPO und ist als nichtig zurück zu weisen.

(5. Möglichkeit) Die Pfändung durch den Gerichtsvollzieher, Herrn ..., war rechtsunwirksam, da zu diesem Zeitpunkt bereits kein Grund mehr für die Pfändung bestand. Der Gläubiger erhielt auf Grund eines Vergleiches vom ... (Datum des Vergleichs) am ... (Datum der Überweisung) den ausgemachten Betrag. Somit war die Schuld bereits zum Pfändungstag bezahlt und bestand dem Grunde nach nicht mehr. (Anmerkung: Der Begriff „Vergleich" kann durch andere Vereinbarungsbegriffe ersetzt werden wie Ratenvereinbarung. Hat sich der Gläubiger verpflichtet, die Pfändung ruhen zu lassen bzw. auszusetzen im Gegenzug zu einer Ratenvereinbarung, dann darf die Pfändung nicht mehr vorgenommen werden. Sie darf auch nicht mehr vorgenommen werden, wenn die Pfändung vorab vollständig bezahlt wurde.)

Unterschrift   Ort und Datum

Anlage: Quittung der Pfändung, Pfändungsprotokoll

Schreiben an die Kundenbeschwerdenstelle der Banken wegen Kündigung oder Verweigerung eines Konto für jedermann

Absender: Ort, Datum:

Kundenbeschwerdestelle (siehe oben):

**ZKA-Empfehlung „Girokonto für jedermann"
Ablehnung einer Kontoführung**

Sehr geehrte Damen und Herren,

von der….(Name und Anschrift der/des Bank/Kreditinstitutes):
Zweigstelle/Filiale:…..wurde mir am …(Datum) die Einrichtung
bzw. Fortführung eines „Girokontos für jedermann" verwehrt.
Begründung der Bank: … (eventuelle Gründe anführen).

Kopien aller relevanten Unterlagen habe ich diesem Schreiben -
sofern vorhanden - als Anlage beigefügt.

Ich bitte um Überprüfung.

Mit freundlichen Grüßen

Unterschrift

Außergerichtlicher Einigungsversuch - Anforderungsschreiben

Außergerichtlicher Einigungsversuch gemäß § 305 Abs. 1 Insolvenzordnung

Gläubiger:
Ihr Zeichen:

Sehr geehrte Damen und Herren,

da ich überschuldet und zahlungsunfähig bin strebe ich zunächst mit Ihnen eine außergerichtliche Lösung zur Schuldenbereinigung an, um ein für alle Beteiligten zeit-, arbeits- und kostenaufwendiges gerichtliches Insolvenzverfahren zu vermeiden. Im Rahmen meiner finanziellen und persönlichen Möglichkeiten werde ich Ihnen deshalb in Kürze einen Zahlungsvorschlag unterbreiten.

Um diesen vorzubereiten, muss ich zunächst alle bestehenden Forderungen erfassen, da sich mein Vorschlag nach dem Anteil Ihrer Forderung an meiner Gesamtverschuldung richten wird. Ich bitte Sie deshalb gemäß § 302 Insolvenzordnung um Überlassung folgender Unterlagen:

- Forderungsaufstellung (aufgeschlüsselt nach § 497 Abs. 3 bzw. § 367 Abs. 1 BGB), Kopie des Titels

- Benennung geltend gemachter rechtsgültiger Sicherheiten (Art der Sicherung, Kopie der Urkunde, Datum, Höhe der gesicherten Forderung)

Falls sich der Gläubiger durch einen Rechtsanwalt/Rechtsanwältin oder ein Inkassounternehmen vertreten lässt:

- Vollmacht des Auftraggebers in Kopie

Sollten Sie weitere Forderungen gegen mich geltend machen, bitte ich ebenfalls um Überlassung der o. g. Unterlagen. Bitte bereinigen Sie die Forderung ggf. um bereits verjährte Bestandteile.

Weiter bitte ich Sie, für die Dauer des außergerichtlichen Einigungsverfahrens auf Zwangsvollstreckungsmaßnahmen zu verzichten, um meine Bemühungen auf eine gütliche Einigung nicht zu gefährden.

Ich danke für Ihr Verständnis und Ihre Kooperationsbereitschaft. Für Ihre Rückantwort habe ich mir eine Frist bis zum .... (Datum) notiert. Es würde dem Fortgang des Einigungsversuches auch in Ihrem Interesse nützen, wenn mir bis dahin die erbetenen Unterlagen vorlägen.

Mit freundlichen Grüßen

Unterschrift

oder eine **ganz einfache Anforderung** wie im nächsten Beispiel:

Absender: …

Empfänger:…

Anforderung einer Forderungsaufstellung

Aktenzeichen: …

Sehr geehrte Damen und Herren,

um mir eine genauen Überblick über meine Verschuldung zu verschaffen, bitte ich Sie um
Überlassung folgender Unterlagen:

- Forderungsaufstellung (aufgeschlüsselt nach § 497 Abs. 3 bzw. § 367 Abs. 1 BGB),
  Kopie des Titels

- Benennung geltend gemachter rechtsgültiger Sicherheiten (Art der Sicherung, Kopie der Urkunde, Datum, Höhe der gesicherten Forderung)

Falls sich der Gläubiger durch einen Rechtsanwalt/Rechtsanwältin oder ein Inkassounternehmen vertreten lässt:

- Vollmacht des Auftraggebers in Kopie

Bitte bereinigen Sie die Forderung ggf. um bereits verjährte Bestandteile.

Vielen Dank für Ihre Mühe.

Mit freundlichen Grüßen

Ort, Datum Unterschrift

Und hier das **Begleitschreiben zum Tilgungsplan**:

Absender: …

Persönlich/vertraulich

Gläubiger: …

Rechnung Nr./ Aktenzeichen: … vom … (Datum) über … EUR (Gesamtsumme, die offen steht)

Schuldenbereinigungsplan   -   Außergerichtlicher Einigungsversuch

Sehr geehrter Damen und Herren,

aufgrund einer betriebsbedingten Kündigung meines Arbeitgebers (oder anderen Grund für die Verschuldung) bin ich zum … (Datum des Eintritts des Grundes) arbeitslos geworden und beziehe gemäß Bescheid der Agentur für Arbeit … (Ort) ab dem … (Datum des Leistungsbezuges) soziale Leistungen. (Erhalten Sie keine sozialen Leistungen, sondern Ihr Einkommen hat sich verringert, dann teilen Sie dies mit.)

Meine Einnahmen reichen ab diesem Zeitraum nicht aus meinen Verpflichtungen in voller Höhe dauerhaft nachkommen zu können.

Aufgrund der mir vorliegenden Unterlagen beträgt meine Restschuld mit Ihrem Haus per … (Datum)

…(Restsumme ohne Zinsen aufführen)

Meine gesamten Verbindlichkeiten somit zum o. g. Zeitpunkt betragen € …(restliche Gesamtsumme inkl. Zinsen).

Um meinen Verpflichtungen in angemessener Höhe zu tilgen, habe ich einen Schuldenbereinigungsplan erstellt, den ich als Anlage beifüge. Aus diesem können Sie erkennen, dass ich beabsichtige, Ihnen innerhalb von … Monaten (Dauer der

166

Monate) lang eine Rate von EUR ...(monatliche Ratenhöhe) zu überweisen. Das ergibt einen Gesamtbetrag von ... EUR (mindestens eine Summe von 50 bis 75 % der Restschuld) und würde somit einen Verzicht von ...EUR (Differenz zur Gesamtschuld) für Sie bedeuten.

Ich bitte Sie, die beigefügte Anlage zu studieren und mir innerhalb von 14 Tagen mitzuteilen,

1. ob der Restschuldbetrag mit Ihren Aufzeichnungen übereinstimmt,

2. ob Sie dem Schuldenbereinigungsplan zustimmen könnten.

Sollte dies nicht der Fall sein, sehe ich mich auf Grund meiner finanziellen und wirtschaftlichen Verhältnisse gezwungen Antrag auf Eröffnung des Verbraucherinsolvenzverfahrens beim zuständigen Insolvenzgericht einzureichen.

Mit freundlichen Grüßen

Unterschrift

Pfändungsfreigrenzen für Arbeitseinkommen, gültig vom 01.07.2005 bis zum 30.06.2011

monatliches Netto-arbeitseinkommen in Euro		Pfändbarer Betrag in Abhängigkeit der Anzahl unterhaltspflichtiger Personen (in Euro)					
		0	1	2	3	4	5 und mehr
0	989,99	-	-	-	-	-	-
990	999,99	3,4	-	-	-	-	-
1.000,00	1.009,99	10,4	-	-	-	-	-
1.010,00	1.019,99	17,4	-	-	-	-	-
1.020,00	1.029,99	24,4	-	-	-	-	-
1.030,00	1.039,99	31,4	-	-	-	-	-
1.040,00	1.049,99	38,4	-	-	-	-	-
1.050,00	1.059,99	45,4	-	-	-	-	-
1.060,00	1.069,99	52,4	-	-	-	-	-
1.070,00	1.079,99	59,4	-	-	-	-	-
1.080,00	1.089,99	66,4	-	-	-	-	-
1.090,00	1.099,99	73,4	-	-	-	-	-
1.100,00	1.109,99	80,4	-	-	-	-	-
1.110,00	1.119,99	87,4	-	-	-	-	-
1.120,00	1.129,99	94,4	-	-	-	-	-
1.130,00	1.139,99	101,4	-	-	-	-	-
1.140,00	1.149,99	108,4	-	-	-	-	-
1.150,00	1.159,99	115,4	-	-	-	-	-
1.160,00	1.169,99	122,4	-	-	-	-	-
1.170,00	1.179,99	129,4	-	-	-	-	-
1.180,00	1.189,99	136,4	-	-	-	-	-
1.190,00	1.199,99	143,4	-	-	-	-	-
1.200,00	1.209,99	150,4	-	-	-	-	-
1.210,00	1.219,99	157,4	-	-	-	-	-
1.220,00	1.229,99	164,4	-	-	-	-	-
1.230,00	1.239,99	171,4	-	-	-	-	-

1.240,00	1.249,99	178,4	-	-	-	-	-
1.250,00	1.259,99	185,4	-	-	-	-	-
1.260,00	1.269,99	192,4	-	-	-	-	-
1.270,00	1.279,99	199,4	-	-	-	-	-
1.280,00	1.289,99	206,4	-	-	-	-	-
1.290,00	1.299,99	213,4	-	-	-	-	-
1.300,00	1.309,99	220,4	-	-	-	-	-
1.310,00	1.319,99	227,4	-	-	-	-	-
1.320,00	1.329,99	234,4	-	-	-	-	-
1.330,00	1.339,99	241,4	-	-	-	-	-
1.340,00	1.349,99	248,4	-	-	-	-	-
1.350,00	1.359,99	255,4	-	-	-	-	-
1.360,00	1.369,99	262,4	2,05	-	-	-	-
1.370,00	1.379,99	269,4	7,05	-	-	-	-
1.380,00	1.389,99	276,4	12,05	-	-	-	-
1.390,00	1.399,99	283,4	17,05	-	-	-	-
1.400,00	1.409,99	290,4	22,05	-	-	-	-
1.410,00	1.419,99	297,4	27,05	-	-	-	-
1.420,00	1.429,99	304,4	32,05	-	-	-	-
1.430,00	1.439,99	311,4	37,05	-	-	-	-
1.440,00	1.449,99	318,4	42,05	-	-	-	-
1.450,00	1.459,99	325,4	47,05	-	-	-	-
1.460,00	1.469,99	332,4	52,05	-	-	-	-
1.470,00	1.479,99	339,4	57,05	-	-	-	-
1.480,00	1.489,99	346,4	62,05	-	-	-	-
1.490,00	1.499,99	353,4	67,05	-	-	-	-
1.500,00	1.509,99	360,4	72,05	-	-	-	-
1.510,00	1.519,99	367,4	77,05	-	-	-	-
1.520,00	1.529,99	374,4	82,05	-	-	-	-
1.530,00	1.539,99	381,4	87,05	-	-	-	-
1.540,00	1.549,99	388,4	92,05	-	-	-	-
1.550,00	1.559,99	395,4	97,05	-	-	-	-

1.560,00	1.569,99	402,4	102,05	-	-	-	-
1.570,00	1.579,99	409,4	107,05	3,01	-	-	-
1.580,00	1.589,99	416,4	112,05	7,01	-	-	-
1.590,00	1.599,99	423,4	117,05	11,01	-	-	-
1.600,00	1.609,99	430,4	122,05	15,01	-	-	-
1.610,00	1.619,99	437,4	127,05	19,01	-	-	-
1.620,00	1.629,99	444,4	132,05	23,01	-	-	-
1.630,00	1.639,99	451,4	137,05	27,01	-	-	-
1.640,00	1.649,99	458,4	142,05	31,01	-	-	-
1.650,00	1.659,99	465,4	147,05	35,01	-	-	-
1.660,00	1.669,99	472,4	152,05	39,01	-	-	-
1.670,00	1.679,99	479,4	157,05	43,01	-	-	-
1.680,00	1.689,99	486,4	162,05	47,01	-	-	-
1.690,00	1.699,99	493,4	167,05	51,01	-	-	-
1.700,00	1.709,99	500,4	172,05	55,01	-	-	-
1.710,00	1.719,99	507,4	177,05	59,01	-	-	-
1.720,00	1.729,99	514,4	182,05	63,01	-	-	-
1.730,00	1.739,99	521,4	187,05	67,01	-	-	-
1.740,00	1.749,99	528,4	192,05	71,01	-	-	-
1.750,00	1.759,99	535,4	197,05	75,01	-	-	-
1.760,00	1.769,99	542,4	202,05	79,01	-	-	-
1.770,00	1.779,99	549,4	207,05	83,01	0,29	-	-
1.780,00	1.789,99	556,4	212,05	87,01	3,29	-	-
1.790,00	1.799,99	563,4	217,05	91,01	6,29	-	-
1.800,00	1.809,99	570,4	222,05	95,01	9,29	-	-
1.810,00	1.819,99	577,4	227,05	99,01	12,29	-	-
1.820,00	1.829,99	584,4	232,05	103,01	15,29	-	-
1.830,00	1.839,99	591,4	237,05	107,01	18,29	-	-
1.840,00	1.849,99	598,4	242,05	111,01	21,29	-	-
1.850,00	1.859,99	605,4	247,05	115,01	24,29	-	-
1.860,00	1.869,99	612,4	252,05	119,01	27,29	-	-
1.870,00	1.879,99	619,4	257,05	123,01	30,29	-	-

1.880,00	1.889,99	626,4	262,05	127,01	33,29	-	-
1.890,00	1.899,99	633,4	267,05	131,01	36,29	-	-
1.900,00	1.909,99	640,4	272,05	135,01	39,29	-	-
1.910,00	1.919,99	647,4	277,05	139,01	42,29	-	-
1.920,00	1.929,99	654,4	282,05	143,01	45,29	-	-
1.930,00	1.939,99	661,4	287,05	147,01	48,29	-	-
1.940,00	1.949,99	668,4	292,05	151,01	51,29	-	-
1.950,00	1.959,99	675,4	297,05	155,01	54,29	-	-
1.960,00	1.969,99	682,4	302,05	159,01	57,29	-	-
1.970,00	1.979,99	689,4	307,05	163,01	60,29	-	-
1.980,00	1.989,99	696,4	312,05	167,01	63,29	0,88	-
1.990,00	1.999,99	703,4	317,05	171,01	66,29	2,88	-
2.000,00	2.009,99	710,4	322,05	175,01	69,29	4,88	-
2.010,00	2.019,99	717,4	327,05	179,01	72,29	6,88	-
2.020,00	2.029,99	724,4	332,05	183,01	75,29	8,88	-
2.030,00	2.039,99	731,4	337,05	187,01	78,29	10,88	-
2.040,00	2.049,99	738,4	342,05	191,01	81,29	12,88	-
2.050,00	2.059,99	745,4	347,05	195,01	84,29	14,88	-
2.060,00	2.069,99	752,4	352,05	199,01	87,29	16,88	-
2.070,00	2.079,99	759,4	357,05	203,01	90,29	18,88	-
2.080,00	2.089,99	766,4	362,05	207,01	93,29	20,88	-
2.090,00	2.099,99	773,4	367,05	211,01	96,29	22,88	-
2.100,00	2.109,99	780,4	372,05	215,01	99,29	24,88	-
2.110,00	2.119,99	787,4	377,05	219,01	102,29	26,88	-
2.120,00	2.129,99	794,4	382,05	223,01	105,29	28,88	-
2.130,00	2.139,99	801,4	387,05	227,01	108,29	30,88	-
2.140,00	2.149,99	808,4	392,05	231,01	111,29	32,88	-
2.150,00	2.159,99	815,4	397,05	235,01	114,29	34,88	-
2.160,00	2.169,99	822,4	402,05	239,01	117,29	36,88	-
2.170,00	2.179,99	829,4	407,05	243,01	120,29	38,88	-
2.180,00	2.189,99	836,4	412,05	247,01	123,29	40,88	-
2.190,00	2.199,99	843,4	417,05	251,01	126,29	42,88	0,79

2.200,00	2.209,99	850,4	422,05	255,01	129,29	44,88	1,79
2.210,00	2.219,99	857,4	427,05	259,01	132,29	46,88	2,79
2.220,00	2.229,99	864,4	432,05	263,01	135,29	48,88	3,79
2.230,00	2.239,99	871,4	437,05	267,01	138,29	50,88	4,79
2.240,00	2.249,99	878,4	442,05	271,01	141,29	52,88	5,79
2.250,00	2.259,99	885,4	447,05	275,01	144,29	54,88	6,79
2.260,00	2.269,99	892,4	452,05	279,01	147,29	56,88	7,79
2.270,00	2.279,99	899,4	457,05	283,01	150,29	58,88	8,79
2.280,00	2.289,99	906,4	462,05	287,01	153,29	60,88	9,79
2.290,00	2.299,99	913,4	467,05	291,01	156,29	62,88	10,79
2.300,00	2.309,99	920,4	472,05	295,01	159,29	64,88	11,79
2.310,00	2.319,99	927,4	477,05	299,01	162,29	66,88	12,79
2.320,00	2.329,99	934,4	482,05	303,01	165,29	68,88	13,79
2.330,00	2.339,99	941,4	487,05	307,01	168,29	70,88	14,79
2.340,00	2.349,99	948,4	492,05	311,01	171,29	72,88	15,79
2.350,00	2.359,99	955,4	497,05	315,01	174,29	74,88	16,79
2.360,00	2.369,99	962,4	502,05	319,01	177,29	76,88	17,79
2.370,00	2.379,99	969,4	507,05	323,01	180,29	78,88	18,79
2.380,00	2.389,99	976,4	512,05	327,01	183,29	80,88	19,79
2.390,00	2.399,99	983,4	517,05	331,01	186,29	82,88	20,79
2.400,00	2.409,99	990,4	522,05	335,01	189,29	84,88	21,79
2.410,00	2.419,99	997,4	527,05	339,01	192,29	86,88	22,79
2.420,00	2.429,99	1.004,40	532,05	343,01	195,29	88,88	23,79
2.430,00	2.439,99	1.011,40	537,05	347,01	198,29	90,88	24,79
2.440,00	2.449,99	1.018,40	542,05	351,01	201,29	92,88	25,79
2.450,00	2.459,99	1.025,40	547,05	355,01	204,29	94,88	26,79
2.460,00	2.469,99	1.032,40	552,05	359,01	207,29	96,88	27,79
2.470,00	2.479,99	1.039,40	557,05	363,01	210,29	98,88	28,79
2.480,00	2.489,99	1.046,40	562,05	367,01	213,29	100,88	29,79
2.490,00	2.499,99	1.053,40	567,05	371,01	216,29	102,88	30,79
2.500,00	2.509,99	1.060,40	572,05	375,01	219,29	104,88	31,79
2.510,00	2.519,99	1.067,40	577,05	379,01	222,29	106,88	32,79

2.520,00	2.529,99	1.074,40	582,05	383,01	225,29	108,88	33,79
2.530,00	2.539,99	1.081,40	587,05	387,01	228,29	110,88	34,79
2.540,00	2.549,99	1.088,40	592,05	391,01	231,29	112,88	35,79
2.550,00	2.559,99	1.095,40	597,05	395,01	234,29	114,88	36,79
2.560,00	2.569,99	1.102,40	602,05	399,01	237,29	116,88	37,79
2.570,00	2.579,99	1.109,40	607,05	403,01	240,29	118,88	38,79
2.580,00	2.589,99	1.116,40	612,05	407,01	243,29	120,88	39,79
2.590,00	2.599,99	1.123,40	617,05	411,01	246,29	122,88	40,79
2.600,00	2.609,99	1.130,40	622,05	415,01	249,29	124,88	41,79
2.610,00	2.619,99	1.137,40	627,05	419,01	252,29	126,88	42,79
2.620,00	2.629,99	1.144,40	632,05	423,01	255,29	128,88	43,79
2.630,00	2.639,99	1.151,40	637,05	427,01	258,29	130,88	44,79
2.640,00	2.649,99	1.158,40	642,05	431,01	261,29	132,88	45,79
2.650,00	2.659,99	1.165,40	647,05	435,01	264,29	134,88	46,79
2.660,00	2.669,99	1.172,40	652,05	439,01	267,29	136,88	47,79
2.670,00	2.679,99	1.179,40	657,05	443,01	270,29	138,88	48,79
2.680,00	2.689,99	1.186,40	662,05	447,01	273,29	140,88	49,79
2.690,00	2.699,99	1.193,40	667,05	451,01	276,29	142,88	50,79
2.700,00	2.709,99	1.200,40	672,05	455,01	279,29	144,88	51,79
2.710,00	2.719,99	1.207,40	677,05	459,01	282,29	146,88	52,79
2.720,00	2.729,99	1.214,40	682,05	463,01	285,29	148,88	53,79
2.730,00	2.739,99	1.221,40	687,05	467,01	288,29	150,88	54,79
2.740,00	2.749,99	1.228,40	692,05	471,01	291,29	152,88	55,79
2.750,00	2.759,99	1.235,40	697,05	475,01	294,29	154,88	56,79
2.760,00	2.769,99	1.242,40	702,05	479,01	297,29	156,88	57,79
2.770,00	2.779,99	1.249,40	707,05	483,01	300,29	158,88	58,79
2.780,00	2.789,99	1.256,40	712,05	487,01	303,29	160,88	59,79
2.790,00	2.799,99	1.263,40	717,05	491,01	306,29	162,88	60,79
2.800,00	2.809,99	1.270,40	722,05	495,01	309,29	164,88	61,79
2.810,00	2.819,99	1.277,40	727,05	499,01	312,29	166,88	62,79
2.820,00	2.829,99	1.284,40	732,05	503,01	315,29	168,88	63,79
2.830,00	2.839,99	1.291,40	737,05	507,01	318,29	170,88	64,79

2.840,00	2.849,99	1.298,40	742,05	511,01	321,29	172,88	65,79
2.850,00	2.859,99	1.305,40	747,05	515,01	324,29	174,88	66,79
2.860,00	2.869,99	1.312,40	752,05	519,01	327,29	176,88	67,79
2.870,00	2.879,99	1.319,40	757,05	523,01	330,29	178,88	68,79
2.880,00	2.889,99	1.326,40	762,05	527,01	333,29	180,88	69,79
2.890,00	2.899,99	1.333,40	767,05	531,01	336,29	182,88	70,79
2.900,00	2.909,99	1.340,40	772,05	535,01	339,29	184,88	71,79
2.910,00	2.919,99	1.347,40	777,05	539,01	342,29	186,88	72,79
2.920,00	2.929,99	1.354,40	782,05	543,01	345,29	188,88	73,79
2.930,00	2.939,99	1.361,40	787,05	547,01	348,29	190,88	74,79
2.940,00	2.949,99	1.368,40	792,05	551,01	351,29	192,88	75,79
2.950,00	2.959,99	1.375,40	797,05	555,01	354,29	194,88	76,79
2.960,00	2.969,99	1.382,40	802,05	559,01	357,29	196,88	77,79
2.970,00	2.979,99	1.389,40	807,05	563,01	360,29	198,88	78,79
2.980,00	2.989,99	1.396,40	812,05	567,01	363,29	200,88	79,79
2.990,00	2.999,99	1.403,40	817,05	571,01	366,29	202,88	80,79
3.000,00	3.009,99	1.410,40	822,05	575,01	369,29	204,88	81,79
3.010,00	3.019,99	1.417,40	827,05	579,01	372,29	206,88	82,79
3.020,00	3.020,06	1.424,40	832,05	583,01	375,29	208,88	83,79

Quelle: http://www.bmj.bund.de

Inhaltsverzeichnis:

NOTIZEN:

NOTIZEN: